滨河教育好故事系列丛书

好班主任讲好故事

顾　问	唐方剑	
主　编	李元辉	
副主编	蔡　敏	尹荣开
	李亭亭	鄢长江
编　委	胡　莹	曹钟方
	岳进宗	周红军
	刘玉莉	

西南交通大学出版社

·成　都·

图书在版编目（ＣＩＰ）数据

好班主任讲好故事 / 李元辉主编. —成都：西南交通大学出版社，2017.4
ISBN 978-7-5643-5335-3

Ⅰ.①好… Ⅱ.①李… Ⅲ.①中小学－班主任工作 Ⅳ.①G635.16

中国版本图书馆 CIP 数据核字（2017）第 056238 号

好班主任讲好故事

主编　李元辉

责 任 编 辑	祁素玲
特 邀 编 辑	刘 蔓
封 面 题 字	唐方剑
封 面 设 计	墨创文化
出 版 发 行	西南交通大学出版社 （四川省成都市二环路北一段 111 号 西南交通大学创新大厦 21 楼）
发 行 部 电 话	028-87600564　028-87600533
邮 政 编 码	610031
网　　　　址	http://www.xnjdcbs.com
印　　　　刷	四川煤田地质制图印刷厂
成 品 尺 寸	170 mm×230 mm
印　　　　张	14.25
字　　　　数	241 千
版　　　　次	2017 年 4 月第 1 版
印　　　　次	2017 年 4 月第 1 次
书　　　　号	ISBN 978-7-5643-5335-3
定　　　　价	56.00 元

图书如有印装质量问题　本社负责退换
版权所有　盗版必究　举报电话：028-87600562

爱是最好的唤醒

（代序）

时值寒冬，阅读《好班主任讲好故事》，好似被一股强大的暖流包围着。这股暖流来自班主任对学生的爱，学生对班主任的情！每一个好班主任的故事就像爱的花朵，成都高新滨河学校美丽的校园似乎变成了一个爱的大花园，花儿盛开得五彩缤纷，师生之间的爱流淌在花丛中。

读着师生间的美好故事，让我想起了德国哲学家雅思贝尔斯在《什么是教育》中说的话："教育就是一棵树摇动一棵树，一朵云推动一朵云，一个灵魂唤醒另一个灵魂。"陶行知先生也说："要想完成乡村教育的使命，属于什么计划方法都是次要的，那超过一切的条件是同志们肯不肯把整个心献给乡村人民和儿童。真教育是心心相印的活动。唯独从心里发出来的，才能打到心的深处。"成都高新滨河学校的好班主任们就是在身体力行地践行着先哲们的箴言。

爱就意味着奉献。从古到今，教育在人们眼中都是充满无私奉献精神的神圣职业。刘丹、蒋丹、吴霞、王晓云、付海、陈国平、谢丹花、周红军等班主任怀着、捧着一颗心来，不带半根草去的奉献之心滋润着无数孩子的心。

爱就意味着理解。用陶行知的话来说："我们要懂得儿童。"杨彬彬、刘珍珍、郑忠媛、周祥红、林祥、徐溧、万青、杨丽等班主任通过走进学生的心里来对待学生、理解学生，所以他们得到了学生的认可，建立了融洽的师生关系。张艳梅、唐晓梅、李美蓉、谭迎花、李钰、夏华、何丽君等班主任以仁爱之心对待每一名学生，促成学生的成长进步；以仁爱之心开启每一名学生的心灵之门，成为学生的良师益友。

爱就意味着承担责任。王利琼、陈玲、周芹、刘建宏、刘玉莉、李伦、张竟枢、蔡玉明等班主任用责任之心去成就孩子灿烂的人生。其实，只要人人都奉献出一点爱，世界会变成美好的人间，当然，滨河也将汇入充满欢乐的海洋。

爱，意味着奉献，意味着理解，意味着责任。面对一个个具有丰富情感的鲜活生命，我们的班主任们正是用奉献之心、理解之意、责任之心，去爱、去感染、去教育、去唤醒每一个学生心底的真善美！

鄢长江
2016年11月于成都高新滨河学校

目 录

红旗飘飘，岁月留声 ································· 尹荣开 - 1 -
坚守初心永向前 ····································· 鄢长江 - 4 -
站在身后，聆听成长的声音 ··························· 古德英 - 7 -
春风化雨，润物无声 ································· 曹钟方 - 10 -
智慧老师　正面管教
　　——读尼尔森《正面管教》 ······················· 付　海 - 13 -
走进学生的家庭，走近心灵的教育 ····················· 王晓云 - 17 -
亲爱的孩子，谢谢你用爱与我回应 ····················· 张竞枢 - 20 -
你是我们的新朋友
　　——小学新生入学适应辅导案例 ··················· 吴　霞 - 23 -
接纳每个孩子 ······································· 林　祥 - 26 -
专属记忆 ··· 林　婷 - 28 -
小绵羊种太阳 ······································· 杨　静 - 30 -
低下头去聆听 ······································· 周祥红 - 33 -
爱动其心，拉近距离 ································· 夏　华 - 36 -
野百合也有春天 ····································· 谢丹花 - 38 -
教师节最好的礼物 ··································· 刘建宏 - 41 -
"冷处理"背后的教育智慧 ···························· 徐　溧 - 43 -
众人拾柴火焰高
　　——班主任教育案例分析 ························· 周红军 - 46 -
用爱浇灌，静待花开 ································· 郑忠媛 - 48 -
家校携手，培养孩子良好行为的习惯 ··················· 柳　宁 - 50 -
我的花儿开了 ······································· 杨彬彬 - 53 -
班级管理二三事 ····································· 匡武来 - 56 -
教师的言行能改变学生的一生 ························· 唐晓梅 - 58 -

标题	作者	页码
用爱编织和谐	吴 燕	60
只要有爱，"小别离"又如何？	何丽君	62
给小S同学的一封信	宋美玲	65
人生的起点，有你同行	崔洪润	68
让爱从心底开花	谢杜娟	70
孩子，你慢慢来	张景垚	73
静静等待，花会开	李 伦	75
宽待他们的"慢慢"成长	李美蓉	78
爱，让我们一起成长	徐怡然	81
等风来，等花开	严 瑾	83
用心感动每一个学生	李 钰	86
"好学生"不是老师教出来的	伍德勇	88
有心给学生设置一点障碍，帮助他们更好地成长	杨 丽	91
残缺的爱	张艳梅	94
循循善诱，春风化雨	杨 琴	96
爱与教育	谭迎花	98
孩子，学会用智慧解决问题	周 芹	101
有爱的世界，充满阳光	马 燕	103
美好的回忆 ——"快板秀"上的风采	刘青竺	105
真诚融化壁垒　反思促进成长	肖 爽	108
关注差异，突出优点，注重引导	杨喜琼	111
激励，班级管理的蜜糖	刘 颜	114
海燕湾	刘 丹	118
不忘初心，方得始终	刘 檬	121
静待花开	陈 玲	124
榜样的力量	李红梅	126
教育不是注满一桶水，而是点燃一把火	郁 雯	129
特别的爱给特别的你	高珊珊	131
我的家访故事	陈国平	133

青翠的心	柳　袁	- 135 -
"两个"故事	蔡玉明	- 137 -
我的教育小故事	王利琼	- 139 -
不一样的角度，"不一样"的孩子	秦　溢	- 141 -
孩子，你的改变我看见了	符　群	- 144 -
记住一句话	陈丽君	- 146 -
用心感受，拥抱幸福	屈　燕	- 149 -
我和学生在一起	侯书玲	- 151 -
心灵的触动		
——自罚	刘玉莉	- 153 -
经典助力专业发展		
——学习魏书生《班主任工作漫谈》有感	龙潇凌	- 155 -
爱的教育，从心开始	高亚乐	- 159 -
最重要的人	王芳芷	- 161 -
"行"者无疆	景开敏	- 163 -
我和"你"的故事	王晓燕	- 165 -
有一种疼惜叫似曾相识	王　琼	- 167 -
杏坛人生　厚德博学	何翠华	- 169 -
爱学生　关爱学生	曾　媛	- 171 -
孩子们的可爱之处	张馨予	- 173 -
感动洋溢心中	刘珍珍	- 175 -
春风化雨，润物无声	蒋　丹	- 177 -
灵魂的工程师	周凤君	- 179 -
用爱呵护学生的心灵	谢曾艳	- 182 -
学无止境	周　恒	- 184 -
换个角度看问题	冯飞龙	- 186 -
办好角色，做好自己的那点事儿	孙　杰	- 188 -
杏坛芬芳路漫漫，新人报道求索之	邱偲丽	- 190 -
教育里的故事	唐小霞	- 193 -
恰当的表扬	钱梦姣	- 195 -

责任感	刁媛媛	- 197 -
Hello, Mrs.何	刘　燕	- 199 -
绳采飞扬	路晓超	- 201 -
以上率下，不忘初心	杜　玉	- 203 -
静心守望，期待花开的声音	汪树林	- 205 -
思变，而后前行	赵　语	- 207 -
我与学生共成长	王宇帆	- 211 -
造就全人的艺术教育	林曦翼	- 213 -
"倾听"孩子的画	刘　霞	- 215 -
数学课上的那些乐事	钟祖良	- 217 -

红旗飘飘，岁月留声

尹荣开

"五星红旗，你是我的骄傲；五星红旗，我为你自豪；为你欢呼，我为你祝福，你的名字，比我生命更重要……"耳畔响起纪念长征胜利80周年的嘹亮歌声。《红旗飘飘》是我最喜欢唱的一首歌，也是我班学生参加学校"12·9歌咏比赛"夺得一等奖选唱的歌曲。这熟悉的歌声将我带回了与初2011届3班孩子们共同生活的岁月里。

2008年8月21日，学校将初一年级实验班42名孩子的花名册交到了我手里。虽然没有太多的叮嘱，但我从校长期盼的眼神中感受到了那份沉甸甸的压力：实验班，这是学校优质发展的期望；实验班，这是42个家庭殷切的托付；实验班，这是42个孩子人生新的起点。作为班主任的我，开始盘算着怎样在开学的第一个月就能精彩亮相！

镜头一：你永远第三

8月31日，这是孩子们报到的日子。我花了整整一周的时间为这一天做准备。我在黑板上写上"你永远第三"的标语来迎接我的学生。每一位走进教室的学生和家长都很好奇地打量着这不合常理的标语：别的班主任都是鼓励学生争第一，我们班主任特奇怪，居然鼓励我们争第三，这葫芦里到底卖的什么药呀？学生和家长们议论开了……也有胆大的跑来问我，而我只是笑而不答，无形中又增添了几分神秘。终于等到孩子们全都办完手续进入班级了，我即将揭开它的神秘面纱，开启孩子们初中生活的第一课。望着台下42双眼睛，我笑着说道："在我们的世界里，排第一的是万能的上帝，排第二的是他人，而我们永远都排第三……"起初，孩子们还因我的观点摸不着头脑，听了一番阐释后，他们心里豁然开朗了，这原来是老师给他们上的做人的第一课。就这样带着思索，孩子们翻开了初中生活的第一页。庆幸的是，我在以后的日子里，看到了孩子们成长的行动。

镜头二:"0"班规逆袭

今天是开学来的第一次班会课,按照德育处的要求,今天班会课的主题就是讨论并制定班规。课前,我让学生们收集了他们曾经经历的制度条例。课上,孩子们十分积极地为班规献策献计,一堂课就这样折腾了30分钟,他们满以为大功告成,拿着民主推荐的成果来征求我的意见。我接过孩子们整理的班规,没看一眼就放在了一边,郑重其事地宣布:"初 2011 届 3 班——'0'班规!"教室里一片哗然,炸开了锅,各种议论声此起彼伏。我故作神秘,微笑地看着这群个头比我高,心思却很单纯的孩子们。1 分钟,2 分钟,3 分钟……孩子们针对这个话题足足讨论了 5 分钟。

我清了清嗓子,开始发话啦:"班规是君子协议,那是为了防范小人,我们班有小人吗?"

"没有!"

"那就是说我们都是行得正的君子?"

"是的!"

"君子会不会做坏事?"

"不会!"

"如果君子把事做错了怎么办?"

"改正就好了!"

"好,我们都是君子,所以我们不需要班规!"

此刻,孩子们为"0班规"的诞生欢呼雀跃……在以后的日子里,孩子们也有犯错误的时候,每每这时,同学们总会互相提醒"我们是君子哦!"就这样,同样的错误几乎不会在同一个人身上出现两次。

镜头三:相看"两不厌"

班上的孩子一半是单位子弟,家庭条件优越,思维活跃,视野开阔;一半来自城郊学校,经历简单,踏实听话。不同的学习、生活经历,导致孩子们上初中后按惯性认知站队,开学不久,班上学生形成了两大团体,界限分明。我深知,要让这些孩子打破隔阂,互相悦纳,还真不是苦口婆心的说教就能解决问题的。我得找个时机,撮合这两个团体……

对,运动会!学校不是在 9 月 29 日举行秋季运动会吗?这可是团队融合的最好契机哦!我把班上的学生分成了 6 个组,策划组负责拟定我班参加运动会的实施方案,宣传组负责运动会海报、通讯稿等工作,志愿组负责赛场上对运动员的关心帮助,训练组负责组织运动员训练,后勤组负责运动会物资保障,联络组负责参加相关会议及邀请家长……我故意将平时不怎么往来的"两拨"人员分散到各个组,让他们在一周多的筹备中互相了解,互相认可,从而欣赏和悦纳对方。运动会结束了,我们班夺得了年级总分第一名的优异成绩,更可喜的是,同学间的"三八线"也随着运动会的结束而销声匿迹,彼此的欢声笑语弥漫在了校园的每一个角落。

那浸染着桂花香的金秋9月就这样在我和孩子们的指尖悄悄溜走了,我们将怀揣梦想继续走进生命中的第二个、第三个,乃至无数个金秋9月。

《红旗飘飘》是我最喜欢的一首歌,歌词里没有佳词丽句,但字字唱进我的心里,句句唱出我对五星红旗的热爱,初2011届3班的孩子们伴随着这面红旗,永远在我的心中……

坚守初心永向前

鄢长江

教师的最大幸福就是把一群群孩子送往理想的彼岸。

——题记

回想当初,作为一名体育老师来到滨河学校,本只打算在体育课堂上大展拳脚。校长的一个电话,却改变了我对教育的认知,让我从此坚定地走上德育之路……

那一年刚开学,我正在办公室认真备课,电话响起,说让我去校长办公室一趟。怀着忐忑的心情敲响了办公室的门,平时笑盈盈的校长表情一脸严肃,直接抛出了一个我从来都没有想过的问题:"你当八年级(3)班的班主任,有没有问题?""八年级(3)班?"我的心里打起了退堂鼓,谁不知道那个班是全校最难管理的班级?可就在那一瞬间,我又回想起实习离开时,孩子们对我这个实习班主任的千般眷恋,那份久违的留念让我感动至今。"没有问题,我愿意试一试!"就这样,我走上了班主任工作的岗位。

班主任工作对我来说完全是丈二和尚,摸不着头脑。在接到任命后,我主动阅读了大量和班主任管理相关的图书、杂志,想借鉴一下优秀班主任的经验,还虚心地向周围的老班主任们请教。

终于开学了,脑子里装着专家们灌输的各种对班主任工作的美好解读,以及个人对班主任工作的各种美好憧憬,我正式走进八年级(3)班。每天朝会、课间操、吃饭、眼保健操、课间文明休息、放学等时间都要守着他们,斗智斗勇的日子就这样开始了。

一、初次见面

我主动跟前任班主任联系和沟通,拿到了花名册,拨打了几个班干部的电话号码——第一步,先把班干部搞定,通知他们来做开学前的准备工作。大概他们也想看看新班主任的样子吧,来的人比通知的人多了一些。边在教室做卫生,边和学生们聊天。"你是体育老师吗?你学的什么专业?你是哪个大学毕业的?"……从孩子们的问题中,看得出来他们很喜欢我。我也趁机了解了班级的一些情况。在你来我往的交流中,我们逐渐地熟悉起来。

二、熟悉班级情况

很快我就了解了班级的基本情况:有懂事大气的男孩小龙,有超喜欢篮球上课就睡觉的小鲲,有性格冲动爱出风头的小豚,有喜欢画画不爱多说话的小琳,有随波逐流老背黑锅的小叶,有喜欢打游戏整天没精打采的小林,有积极主动充满正能量的班长小琪,有自强孝顺的小蝶,有爱学习讲上进守纪律的小文、小星、小娜、小科等同学……不到一周,我们班所有孩子的名字我都能直接叫出来!

尽管我每时每刻都守着孩子们,但是正如天下没有两片完全相同的树叶,学生的情况也是各不相同,到了青春期的他们更加与众不同。到了八年级,学习跟不上的同学便开始放开手脚到其他地方寻找自我。这其中最让我头疼的就是同学小叶。于是,我决定找个时间到这个孩子的家里做一次家访。

三、走进家庭

当我敲开他的家门时,首先看见墙上有个简陋的神龛,几把竹凳子和一张方桌。小叶见我进门有些紧张,便到里屋看书了。我和他爸爸交流了一个多小时,从孩子的学校表现到他们的家庭情况,从他们的土地拆迁到他个人的宗教信仰,从他对孩子的期望到我们如何携手改变孩子的现状。通过交流我终于知道了,孩子为什么会不爱学习,为什么老是背黑锅,家长为什么会在校门口说脏话,等等。

当我离开他家的时候,外面已经下起了大雨,想着反正离我住的单元比较近,就没有接受家长递过来的雨伞,回到住处时全身都湿透了。看来我低估了这场大雨,高估了自己奔跑的速度。就像我常常不了解学生问题的深层次缘由,就想通过简单的班规、说教等引导好他们一样,注定只能是一个浑身湿漉漉的笑话!

这次家访后,小叶和他的家长改变都很大,让我尝到了走进孩子背后的家庭的甜头。于是,我更加仔细地翻看孩子们的档案,其中,有着特殊

家庭背景的小蝶引起了我的注意!

当我对小蝶说起要去家访的时候,起初,小蝶不是很愿意。终于让我找到一个理由,她的奶奶和我同姓,我这个姓氏比较少,我就打着看望同姓前辈的大旗去家访了。

通过先攀亲戚再谈孩子教育的家访交流,我认识到小蝶的奶奶是一位慈祥、善良、勤劳的人,把小蝶拉扯大非常非常的不容易,她的这些品质也深深地影响了小蝶。此后我们建立了较高的信任度,奶奶会打电话咨询孩子的学习问题,就算后来没有继续当孩子的班主任,奶奶还来学校找我咨询孩子的学校学习情况。

…………

四、守望初心

尽管这一班主任工作经历已过去了好几年,可是我却常常去回味她,反思这样做或许更好:与家长交流应该先谈家长的工作和生活经历,先了解家长再谈孩子的教育,以家长能理解和接受的话语,告诉他们我们该怎样携手教育孩子或许更好;面对学生青春期的逆反行为,应该先了解其背后的家庭环境、同伴关系和他的价值取向,根据情况细致分析、充分交流、理性处理或许更好;或许我当时对他们的要求和管理不贴近他们的实际,在方式方法上不能起到良好的教育作用,应该多走近他们,多学习青春期心理学,多学习成熟班主任的管理经验,等等。

那一段班主任经历后,我进入学校德育处做干事,越来越多地接触到学生工作,也越来越多地感受到那一段班主任经历带给我的感动和蜕变……

感谢那一段班主任经历,感谢那群孩子,教育的初心我将永远坚守,一直向前!

站在身后，聆听成长的声音

古德英

师者，传道授业解惑也，但随着社会的发展，时代赋予教师的使命更加艰巨，尤其对班主任来讲，肩上的这副担子或许更加沉重……因为社会环境的错综复杂，家庭教育的日益缺失，学生个性的五花八门等因素，班主任工作变得步履维艰。但我的职责告诉我，办法总比困难多，只要善于动脑，敢于去做，就没有解决不了的难题。在多年的班主任工作中，我发现解决学生问题只需要"站在身后，就可聆听他们成长的声音"。现在我就与大家一起分享这样几个案例。

案例一：站在身后，重拾自信

记得刚到一所新校时，学校安排我接手三年级 1 班。事有凑巧，班上新转来了一个小男生，他胆怯，书写差，数学成绩极为不理想。随着接触时间的增多，我逐渐了解了他家的状况：孩子是因父母进城务工才从农村老家转学来的，父母年龄偏大（将近 50 岁），文化水平低（小学未毕业），而且还有一个已初为人父的哥哥（也只有初中毕业），孩子的妈妈则将更多的时间和精力放在照顾孙子这件事上……正因为这些原因，孩子刚来时作业没完成，课堂上沉默寡言，根本不敢在课堂上回答问题。不过细心的我发现这个小男生很机灵，也很求上进。了解到这些后，我没有急于求成，而是暗中助力：课堂上，练习或作业我都没有"为难"他，我只是在默默地关注他；课余时间，找他聊聊家里的情况，聊聊学习上的感受，聊聊与同学之间的相处……慢慢地孩子的心扉敞开了，对我不再有原来那种"抗拒"了，因为我感觉到他课堂上的进步：从刚开始小声地回答问题，到后来声音洪亮地回答问题；从唯唯诺诺、答非所问到主动积极、条理清晰地回答解决问题；作业和练习质量以及书写情况在好转，学习成绩有了突飞猛进的提高……在此过程中，我没有更多地要求他必须怎么做，而是在课余跟他聊天中引导他应该做一个什么样的孩子、准备怎么做，叮嘱他留心观察一下班级里现在成绩比较优秀的同学是怎么做的，遇到困难他们是怎么解决的……慢慢地，这个懂事的孩子长大了，因为他通过自己的观察学会了怎样学习、怎样克服困难。孩子的转变也是有反复的，虽然偶尔还是会胆怯、书写差等，但是进步还是显而易见的，他从内心得到了彻底的改变。我没有做更多的事，而是站在他身后，让他找回了自信！

案例二：站在身后，应对高考新制度

现如今高考制度的改革：由原来分文理科的学习，变为根据自己的特长进行选科、选课来参加高考。这预示着：我们作为基础教育的班主任或教育教学的管理者，应更多地让我们的学生从小就要学会学习、学会选择、学会抓住机遇、学会管理自己等基本能力，而所有这些都需要孩子们学会质疑，学会思考，因为学习、选择、抓住机遇以及管理自己都需要有自己的质疑和思考在里面。于是为了培养孩子们在这方面的能力，我们应该这样思考：

其一，站在身后，教你抓住机遇、敢于承担

在我接手每个新的班级时，第一节课我除了给孩子们提出一些基本学习要求外，就是让孩子们自荐数学小组长和数学课代表（无论之前是一个什么样的孩子都可以），而且会对这些孩子进行1~2个月时间的考察，看其工作情况，工作得好的孩子继续担任（我会每周对他们的工作情况进行总结），工作得不好的孩子就换掉，但还会给他保留下次自荐的机会。这样的做法，可以让孩子培养抓住机遇、敢于承担的品质，也为他们今后的学习、工作创造更多的机遇。许多年以后，据我所知，自己曾教的孩子在上高中或大学时，大部分人都能很好地抓住机遇，让自己的成长更顺利。

其二，站在身后，听你敢于质疑、学会思考

第一次跟学生见面时，我还会告诉孩子们：在我的课堂上你一定要认真听、仔细看老师有没有说错、写错的地方（其实有些是我故意说错或写错的，为的就是提高学生的注意力，刚开始时也为学生们提供了可质疑的地方），以及你还有没有比老师和同学更好的解决问题的方法；再给孩子们创造比较宽松、幽默和谐地课堂氛围，并对大胆质疑、提问和思考的孩子给予班级最高鼓励或奖励。如曾教学四年的班级（三年级接手），到六年级时敢于质疑、会思考的孩子已从刚接手时不会思考、不会质疑，占到班级

总人数的五分之三有余,而且有将近一半的孩子能对基础知识进行较好地自学,用已知迁移未知进行有效、甚至高效地学习。同样在孩子们这个转变过程中,我更多的是站在孩子们身后,让他们展现得更精彩!

如今的社会,需要的是会思考、会选择、会学习、能创新以及能抓住机遇的人,所以我们作为一线教育工作者,应该学会站在学生身后,留足空间让他们成长,静静地聆听学生长大的声音!

春风化雨，润物无声

曹钟方

记得大学上德育课时，教授问了一个问题：德育可教吗？德育该如何教？我至今都记得同学们积极辩论、各抒己见的场景。最后我们得出的结论是德育可教，但是德育的教法是非固定的，不能单一地说教，学生的任何活动中都可以适时地进行德育，德育更注重潜移默化的影响。

如今走上三尺讲台，实践论证着当初的见解。

我发现在教学的时候适时地进行德育，言传身教，日积月累地熏陶，会给孩子带来潜移默化的影响，某一天，你会突然发现孩子身上有了令人惊喜的变化！

（一）

就在上一周，和我搭班的班主任老师外出培训了，上午第四节课恰好是我的课，我就得守着孩子吃饭，和孩子们共进午餐。有个孩子主动帮我去食堂拿餐盘，还跑到打饭队伍的最前面，把餐盘递给打饭的阿姨，帮我把饭菜打好。看到学生如此体贴，我很感动！

但是这个时候，另外一个打饭回来的孩子跟周围的孩子说："曹老师打饭都没有排队。"正当我觉得尴尬不知道如何回应的时候，一个小女孩儿站起来高声说："曹老师那么辛苦，插个队提前吃饭有什么错？"一个男孩子急忙站起来说："曹老师不是插队，《弟子规》里面讲过，'长者先，幼者后'，曹老师是长者，本来就该比我们先打饭。"此话一出，好多孩子纷纷附和。看场面热闹了起来，我连忙说了一句"食不言"，孩子们立马对了一句"寝不语"，这时候孩子们知道该认真听我说话了。然后我就借《弟子规》给大家讲了长幼有序的道理，这场关于"老师插队"的争辩在大家齐读"或饮食，或坐走，长者先，幼者后"的读书声中落下了帷幕。

这便是我的学生，才上二年级不到两个月，帮我拿餐盘的孩子主动在行动上关爱老师，第一个维护我的小女孩能够体谅老师的辛苦，最难能可贵的是那个能把课本知识搬到实际情况中并以理服人的孩子，这些孩子让我感觉到当他们的老师很幸福！

国学课上，有些孩子是走马观花地读读背背，而有些孩子却深深地认同其中的道理并铭记于心，践之于行。所以在教学中遇到可以扩大到德育范畴的点时，老师们一定不要吝惜耐心和语言，说不定哪一天你就会惊喜地发现曾经播下的种子开花了！

（二）

我们班有一个小女生，个子小小的，胆子也很小，特别内向，羞于表达自己，但是上课十分认真，交上来的作业书写工整，特别细心。我知道这个孩子肚里有乾坤！但是上课几乎没看见她举手回答过问题，曾经找她聊过天，尝试过鼓励她，但是我发现她跟我说话的时候眼神躲躲藏藏的，极度的不自信。

我跟这个孩子的妈妈沟通过，她妈妈也表示这个问题令她很头疼。其实这个孩子在家人面前话挺多的，但是一有生人就害羞得不得了。她妈妈害怕她长期下去，长大了很难适应社会。

恰好遇到这学期我们班开展了国学经典的教学，我加入了家长的微信群，每天下午放学后，孩子们就要通过爸爸妈妈的微信，把自己读背古诗文的录音发到群里让我点评，也可以当作同学之间读书背书的比赛。小女孩的妈妈说她每天回家都会自觉地读书背书，但是从来不敢分享给大家。我想了个招儿，我让这位妈妈某一天偷偷把孩子读书的声音录下来发到群里面，我再找两个学生帮着我一起鼓励这个孩子。

那天晚上，小女孩背诵的《弟子规》两篇和三首古诗被她妈妈悄悄地发到群里了，我细致地点评了她的背诵，并且鼓励她要大胆自信。我的两个小助手也加入了赞美这个孩子的行列，一个说她背得滚瓜烂熟，另一个说她的声音好听。不一会儿，其他的孩子纷纷表示喜欢她的声音……良久，小女孩发来了一句"谢谢曹老师的点评"，虽然只有短短几个字，而且声音略微颤抖，但是这是她第一次主动表达自己，大喜！那天以后，她每天晚上都会上传自己的读书声，声音越来越自信……

就在上周星期五，这个小女孩第一次在课堂上举起了小手，距离我鼓励她的那个晚上不过两周时间。

  这两个故事便是我突然发现的两个惊喜。

  每个孩子都是等待浇灌的花儿，老师的教育和引导便是生命之水：不浇水，花儿终将枯萎；狂浇水，花儿或将夭折。适时地引导，适当地说教，这种分散型的疏导就相当于一场场绵绵的春雨，细如牛毛，却润泽万物，你会在某一个早起的清晨发现，晶莹的露珠折射出朝阳的光晕，花儿开得分外娇艳！

智慧老师　正面管教

——读尼尔森《正面管教》

付　海

这里只有和善和坚定。

——题记

首先，我们要知道"正面管教"的含义。正面管教与骄纵、严厉不同；严厉是有规矩没有自由，骄纵是没规矩而有自由；正面管教与严厉、骄纵完全不同，它是既有规矩，又有自由。具体该如何做呢？首先要做到和善与坚定并行。正如鲁道夫·德雷克斯所说："和善"在于表达我们对孩子的尊重。"坚定"则在于尊重我们自己，尊重情势的需要。专断的方式通常缺少和善，骄纵的方式缺少坚定，和善而坚定才是正面管教的根本所在。

在和善而坚定的态度和氛围下，我们可以学习到很多正面管教的工具。我以"赢得孩子"为例，来说说这本书对我教育行为的触动和改变。

小宇是一个从一年级开始就让各科老师都特别头疼的小男孩，上课情绪化严重，很难像普通的孩子一样乖乖坐在板凳上听课。上课最常见的情况是他躺在板凳上或者干脆藏到课桌下面，对老师反复的提醒大多数时候都无动于衷，老师们因此觉得无可奈何。

到了二年级，孩子稍大一点，问题更突出地表现在他和同学的相处方面。上课时他经常影响同桌，为了给他选个合适的且能把他管住的同桌，我是伤透了脑筋；课间他对同学们动起拳脚来，更是家常便饭，可能刚刚还玩得跟亲兄弟似的，一个转身，就已经扭打成一团。

如果班主任对一个孩子无可奈何，对一个孩子给班级造成的不良影响不知所措，这最让人感到沉闷，感到无法实现自身价值。其实，这更是班主任缺乏耐心和爱心的表现。这个时候我与尼尔森的《正面管教》不期而遇。

这是平常的一天，放学过后我在校门外遇到了小宇的妈妈，我正夸赞着孩子今天上课朗读不错,被评为"朗读小明星"……几个小朋友慌里慌张地跑过来,七嘴八舌地向我求助:"小宇和小朱扭打到一起了!""他们把教室里的课桌、椅子弄得乱七八糟!"小宇妈妈的眼睛里分明透出一丝慌张,赶忙跟着我来到了教室。

"别拖我!"是小宇的声音,被班长从后面环抱着的他,奋力挣脱班长的手,向小朱扑过去,而小朱则耳根通红,急促地往后退着,看到我们来了,急忙躲到我们的身后。小宇挣脱了同学的双手,怒目圆睁地瞪着我身后的小朱,眼神里仿佛充满了"仇恨"。他脸上颧骨处渗透着红红的血丝,很明显是被小朋友抓过的痕迹。

就这样对峙着。

眼见着这一切的小宇妈妈忍不住开始了一贯的说教:"每天都在跟你说,要团结同学,遇到问题跟老师说……"显然,家长对孩子的行为习以为常,教育方式也一成不变。

这时候我想到了正面管教工具,我明白此时此刻单纯地问清楚原因、惩罚和说教都是无效的。我示意小宇妈妈停止说教,只是安静地看着孩子,确保他们不再发生身体接触。

"积极的暂停是一个对大人和孩子都非常有效的生活技能。我们需要用积极的暂停让我们的感觉好起来,并且在亲密和信任(而不是疏远和敌意)的基础上解决问题。"是的,《正面管教》中的这句话及时提醒了我。我领着小宇妈妈和两个孩子下楼回到了办公室,并且先让自己冷静下来。这时,我翻到了第 23 页——"赢得孩子"。

是的,我要赢得孩子。我希望营造出一种让孩子愿意听、愿意合作的氛围,这时我想到了《正面管教》中"赢得合作的四个步骤":

1. 表达出对孩子感受的理解。一定要向孩子核实你的理解是否正确。

2. 表达出对孩子的同情,但不能宽恕。同情并不表示你认同或者宽恕孩子的行为,而只是意味着你理解孩子的感受。可以告诉孩子你也有过类似的行为或感受,效果会更好。

3. 告诉孩子你的感受。如果真诚而友善地进行前面两个步骤,此时孩子会愿意听你说。

4. 让孩子关注于解决问题。问孩子解决此问题的方法,或提出建议,进行指导,直到达成共识为止。

"积极的暂停"大约过了 10 分钟,我坐下来,让两个小朋友面对面站在一起。首先,我以和善的语气说道:"我敢肯定你们打架伤到彼此的时候一定很疼，小宇的脸都被抓破了皮，滋味一定不好受。"

（第一步，表达理解。）

两个小朋友抬起头来，看着我。"我记得我上二年级的时候，有一次和我们班上一个男孩子打架，那个男孩子踢了我肚子一下，我疼了好久，当然，那个男孩子的背也挨了我的拳头。"

两个孩子这时感兴趣了。"真的？""付老师，你们为什么打架啊？""为什么打架我忘记了，只记得那天肚子特别疼，像被踢坏了一样。"

（第二步，表达同情，而不是宽恕——并且告诉孩子自己也有类似的经历和感受。）

这个时候，两个孩子都感觉自己被理解了，我指着小宇脸上的小伤口，问小宇："疼吗？"小宇点点头。"小朱，你能给小宇吹吹吗？"小朱踮起脚尖给小宇吹了吹伤口。"小宇，你看小朱的耳朵都被你拧红了，快吹吹。"

令我吃惊的是，小宇竟然轻轻抱着小朱，给他吹了吹通红的耳根。"小朱，你看小宇对你多亲近，还抱了你。你再给小宇吹吹伤口吧！你看小宇的鼻涕都流下来了，快给小宇擦擦鼻涕。"

奇迹发生了，在小朱给小宇擦鼻涕的时候，他们居然同时捧腹大笑。气氛完全缓和了，坐在一旁的小宇妈妈也忍不住笑起来。

你看，你们是多好的同学，多好的兄弟！

（第三步，告诉孩子你的感受。对他们的行为做出导向性的评价。）

到解决问题的时候了。我把小宇叫到一边，问了他一个问题："要不要把这件事情告诉小朱的爸爸？我们可都知道要是小朱的爸爸知道了，小朱回家是要挨打的！""不告诉。我不想他挨打！"

"小朱，小宇说这件事情不能告诉你爸爸，你看小宇多关心你！下次可就不行了！我们怎样才能避免今天的事情再发生呢？"

"下次玩卡片的时候，我再也不抢小宇的了。"

"以后我们再也不用打架解决问题了，那样不但都受了伤，还没有玩高兴，并且还把桌椅弄得乱糟糟的。"

"好吧，好兄弟拥抱一下，去把桌椅摆放整齐！"

（第四步，让孩子关注问题的解决。）

在轻松的氛围中，这个看似非常糟糕的问题就这样轻而易举地得到了解决。让孩子感受到亲近和信任，他们才会真正关注于解决问题，这是《正面管教》这本书带给我的一次成功体验，我认为这也是班主任智慧和价值的体现。

只有赢得了孩子的信任，才能真正打开孩子的心扉，与孩子实现真正的沟通和交流，也才能对孩子、对班级管理起到积极的作用。我想，从现在开始逐渐改变我的管理观念，尝试实施正面管教，应该是一次重大的前进吧！我会努力做到这些的，也把这本书推荐给你，让我们一起尝试吧！

走进学生的家庭，走近心灵的教育

王晓云

心灵的距离有时等同于脚下的距离，家访就是教师与学生家庭的零距离接触。老师在学生家里坐一坐、聊一聊，和学生家长、学生说说嘘寒问暖的话，哪怕只是一个关切的眼神，也胜过许多苦口婆心的教育和训导。家访促进学校和家庭两个教育主体之间的对话和交流，汇成一股淙淙的小溪，流进学生的心田，也必然会激起学生的心灵感触。

作为班主任，我深深地认识到，教育好一个孩子，真的不是学校和老师单方面的事情，要家校共同努力才能做好。孩子在校的很多情况，我们要及时反馈给家长，同时，我们也要从家长那里了解孩子在校外的表现以及他们的家庭情况、成员关系等，这也能使我们对孩子更了解，更有利于对孩子开展针对性的教育。适时地走进学生家里，深入了解他们的家庭生活，与家长交流情况、交换意见，共同研究教育学生的内容和方法，这既不是向家长告状，也不是让学生难堪。向家长"报喜"，可以为后进生的转化创造良好的环境。美国心理学家查丝雷尔说："称赞对于鼓励人类灵魂而言，就像阳光一样，没有它人类灵魂就无法成长开花。"在教育、引导学生的过程中，一定要与家长联系，双方只有同心协力，才能事半功倍，达到教育目的。因此，我常利用课余时间，对班上部分孩子进行家访。在本次家访中，我重点访问了学困生、单亲学生、问题学生等，深入了解了孤独症孩子小双，学困生小石、小东，单亲家庭小林等孩子的家庭情况。

小东是一个聪明活泼的男孩，上课时在老师的注视下，坐姿特别端正，喜欢受到老师的表扬，但是经常是当着老师一套背着老师一套。他经常上课人在心不在，成绩中下，有不完成作业、撒谎的情况。为了了解他父母对他的教育方法，改善他的学习习惯，增强他的学习兴趣，一天，我去他家家访，他父母与我约定的地点是在他们家开的麻将馆兼茶馆里面。我正是在那些麻将桌之间与他的家长进行了沟通。经过傍晚的家访，我了解到，小东家中主要由他妈妈负责他的学习生活。他的爸爸远在上海打工，家中妈妈没有工作，只是和小东的奶奶、小姨等人一起经营着这家茶馆。在交流中，我提到了孩子的在校表现，他妈妈并不吃惊，只是笑着，然后向我讲述了孩子在家时的表现，说的基本都是贪玩、学习依赖性大、注意力不集中等问题。但是她的语气中却带有无奈的自豪，至少我没有感受到她对孩子这些表现的一丝着急，也没有采取相应的措施。想起之前家长会上我对家长说的话，还有给她发过的短信，然而她经常表现出什么都不知道的样子，第二天一大清早还会打电话问我。而这些，我在之前就已多次说过。这种情况有过好多次。她每次发短信也好，打电话也好，从来没在我面前说过她孩子的学名，都是称"我们家东东……"从交流中，我感受到她对孩子的溺爱和放纵。关于家庭作业孩子没完成、也没有家长签字的情况，孩子坚持说，因为他妈妈忙着去打麻将，不给他签，于是他自己签了他妈妈的名字……他妈妈没有承认，只是说她出去是有事情，不是打麻将。可孩子一直到最后，仍然坚持自己的说法。我在一旁看着他们母子对质，虽然我不敢百分之百确定是家长说了谎，但是至少发现她的一些做法，跟孩子的行为习惯和学习习惯的养成是大有关联的，包括作业问题。孩子好几次没完成作业，家长却没有过问，可以说是不负责任的。当天，我指出了麻将馆的环境对孩子学习的一些影响，以及家长的一些行为方式需要改变。这次家访，让我心情十分沉重。要知道，除了老师，家庭的教育对孩子成长成才是何其重要啊！遗憾的是，很多家长不能明白这一点。

  对小双的家访，让我与这个自闭症小孩的距离又进了一步，也更深切地体会到班主任工作的艰难和重要。单亲家庭的小林，让我明白了家庭的爱和家人之间的和谐沟通对一个孩子成长过程的重要性，对一个孩子的行为习惯、品德修养的养成的重要性……

  家访是一种手段，一种有效的方法，通过它，我们可以了解到学生最深层次的信息，能够更好地把握学生的整体状况，能够进一步地了解家长的心声，能够找到学生的真正问题所在，也让我倍感压力和肩负的责任，对教育有了更深的认识。通过家访，我更了解这群我所教育的对象，孩子也因为老师的家访而感受到老师对自己的关爱。姑且先不说家访的效果，毕竟教育不是一蹴而就的事情，但在这个过程中，拉近了大家的距离，更有利于我对孩子开展教育。当然，家访并不是告状。记得我向文文的爸爸夸奖孩子进步时，他激动不已，因为他以为孩子又惹什么祸了，我是来批评他的。他的反应也让我有很大触动，让我明白，表扬也是一种不可缺少的交流、家访手段。

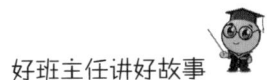

总之,要想做好班主任工作,深入了解孩子是肯定必要的,而家访,就是其中一个不错的方式。走进学生的家庭,就走近了学生的心灵。不过,这是一门大学问,是一门永无止境的艺术,当中涉及的沟通艺术等等,都是我需要去学习的,当然,从中看到的家庭教育的弊端,也值得我去深刻反思……

亲爱的孩子，谢谢你用爱与我回应

张竞枢

大概，刚踏入教育工作岗位的大学生都有一种"情怀"——觉得自己怀抱着满腔的热情等待释放，甘愿付出一切，不求任何回报。直到后来，我发现，这种"情怀"不过是虚掩的门、踮起的脚、够不着的葡萄、未曾解渴的梅，拿得起却又放不下……原来，我是如此的期待孩子们能给予我爱的回应。

大四时的一次考试，让我幸运地在毕业后就直接来到了滨河学校。可是，却没有像其他和我同一年来的大学生老师们一样，从一年级开始带一个新班级，而是被分到三年级，中途接班。大家都告诉我"后妈"不好当，尤其对于毫无教育教学经验的我来说，心中更是充满了讶异和不安。我不知道孩子们是什么样的，不知道他们会不会接受我，不知道我能否教育好他们……我急切地在暑假时通过照片先认识这一群小淘气，强行记住每一个孩子的名字，粗浅地了解他们的学习情况。我做的一切，只为了在与他们见面时增加些许自信的筹码。

让我印象最深刻的孩子，是一个脸圆乎乎的小姑娘，大家都叫她"小艺"。开学第一天，小艺就迟到了，来到教室以后，坐在边上的一个角落里。当时，我并没有过多地注意到这个孩子。第一次真正认识她，还是在我的语文课上。那节课开始后不久，我请孩子们以"开火车"的方式回答问题，一列下去，都很流利。轮到小艺了，她缓慢地扭捏着站起来。我不禁皱着眉，看着她不自然的动作。她一开口回答问题，声音真是小得连同桌都听不见。哦！我心中大概了然，原来这是个不太自信的孩子。于是，我顺口轻轻地鼓励了她两句，便请她坐下。可是她的反应却让我为之震惊——她听到我鼓励的话以后，将她一直低垂的头猛然地抬起来，那双黑色的眸子瞪得大大的，一副不敢相信的表情挂在她脸上。那一瞬间，那个眼神深深地刺痛了我。我在想，她是多久或是从来没听到过别人的表扬，才会表现出那样的难以置信。

后来，我发现她的确是问题多多：经常不完成作业，书写非常糟糕，练习册永远是脏兮兮的，连衣服、书包也不是像其他女孩儿那样干净整洁，很冷的天气还穿着凉鞋，极度自卑、内向至极，所以从没有朋友……越了解，越发心疼这个小姑娘。出于教师的本能，我想我一定得想点什么办法帮助她。于是，每次上课我都故意地请她回答问题，当她支支吾吾半天答不上来的时候，班上的孩子开始有点躁动，没有耐心了。我总是在这种时候停下来整顿纪律，告诉全班，要尊重同学，让我们一起专注地等待小艺回答，并向她投去鼓励的目光。她每次都很艰难地吐出几个字，声音还是很小很小。不过，我还是抓紧一切机会使劲儿表扬她！而她也开始知道，同学们不会嘲笑她了！

　　放学以后，我趁着家长还没来接她的时间把她叫到办公室，帮她把衣服穿整齐，头发理一理。告诉她，女孩子要干干净净的，这样才会有同学愿意与你交朋友。还告诉她，老师不要求她马上在学习上突飞猛进，但是我们可以一起定两个小目标：第一，每天都把作业完成，再不愿意也要坚持；第二，尽量把字写干净。问她愿不愿意答应，她犹豫了半天，然后点点头。她所有的回答都是点头或摇头，几乎不说一个字。我微笑着抱了抱她，她僵硬地立在原地。

　　后来，我与小艺的父亲交流过，他的家庭并不宽裕，小艺妈妈长年患病在家，没有工作能力。小艺小学以前都与外公外婆住一起生活，在家并不像在学校那么内向，而是有点叛逆，不太听父母的教育。能看出她的爸爸是一个憨厚老实的人，我也真诚地和他交流，让他明白我是真心愿意了解孩子、爱孩子，并且与他们一起教育孩子。从那以后，小艺爸爸每个星期五都会准时打电话与我交流孩子的学习情况，加强与老师的配合。

　　小艺当然没有一夜之间发生改变，她还是很不自信，书写也还是很糟糕，但是却很少不完成作业了，头发、衣服也开始变得干净整洁。而我提出的学习要求她也大都能完成。哪怕看到她有一点点改变，我也很满意，内心充满狂喜。只要有时间，我都会把她留下来，给她讲解那些她没有听懂的内容，离开时奖励她一些糖果。我发现我和她之间的距离也逐渐拉近，她开始对着我腼腆地微笑。我偷偷找到他们小组的孩子，告诉他们，多去鼓励小艺。慢慢地，小艺也开始愿意和同学们一起玩耍了。

　　就这样过了一年，三年级的期末考试，小艺真的以"黑马"的姿态冲进了90分！这是我绝对没有想到的，她的父亲一再说着感谢的话。我仍然觉得我是不求回报的。可是，在后来小艺的作文中，她写了一些关于我的故事。不太通顺的稚嫩文字,掩不住那颗真挚的心。看着她写道:"张老师,谢谢您,让我这一年来过得很幸福!"那一刻,我的眼泪不受控制地流了下来。这是孩子对我多么大的褒奖!那一刻,我才发现,我竟然是那么的渴望孩子对我的肯定。

像孩子们这样的爱,总在我作为教师成长的道路上给我恰到好处的温暖。每一次,当我困顿了、疲乏了、怀疑着、挣扎了的时候,我总会回头看看我的孩子们给予我那么多爱的回应。这些初初相遇时的美好,足够支撑着我在教育的路上继续前行。我相信每一位老师都是这样,我们的确可以不在乎物质上的回报。当孩子们用真心的爱来回应着我们的付出时,总会触动我们心底最柔软的部分,感动至极。正因为我知道,这份爱不夹带任何杂质,是如此的真挚。原来我是这样的期待和渴望着自己付出的爱能得到学生的回应。

昨日播下爱的种子,今天它已在我和孩子们的心里都开了花,明朝满园花语闻香去!

你是我们的新朋友
——小学新生入学适应辅导案例

吴 霞

"呜——呜——，我要婆婆（奶奶）……"今年九月的一年一班教室或者一年级办公室总能传出小瑞瑞的哭声，而且历时长，经久不息。

好的时候，她就坐在座位上，哭个一两节课，哭着哭着，被课上的内容吸引了，就一切正常，甚至做得比其他不少小朋友都好；糟的时候，她不仅哭，还边哭边要走出教室，要出学校去找婆婆，这种状况能够持续半天。最艰难的几天，我自己的课，我要牵着她的小手上；不是我的课，就牵着她的小手办公。在她哭起来的时候，基本不能与她对话，因为她听不进任何安慰和引导。那一阵子，我觉得她就是我带的这一届学生最明显的一个标签了。

【原因初探】

通过对孩子的观察和与她的交流、与家长的沟通以及德育处心理老师的了解分析，我认为小瑞瑞在学校总是哭闹着要找婆婆（不是妈妈）的原因主要有以下方面：

（1）在新的环境中适应不良。家长告诉我，她在初入幼儿园时也哭了一个多月，后来就渐渐好了。上小学后，不仅身边的同伴变了（她在我们班没有熟悉的幼儿园同学），而且要求变得更高，每天都有学习任务，纪律更严，老师也没有像亲人那样随时关注她。因为开学最初的一两天，她没有哭，我也就没有发现。在学校过了两天，她发现在小学的要求比以前高和严格，就产生了抵触心理，不想上学。

（2）小瑞瑞是家里的二胎，老小，深得一家人尤其是她的奶奶的宠爱。她的日常生活是老人在照顾，与她奶奶相处的时间最多，对老人过度依赖。在物质上，她的奶奶也喜欢通过买东西、给吃的来奖励她。老人的过分宠爱，造成了她一受到挫折，一不如意，就想通过奶奶来得到关注和物质上的安慰。

（3）家里教育意见不统一。孩子父母与老人的教育方式存在冲突，在过去的两年，孩子由于父母管教严格（由她的奶奶对比出来的），习惯了寻求更宠她的奶奶的庇护。学校无疑是父母的翻版，甚至比父母还要不关注她，这让她对学校的印象产生了非常不好的晕轮效应，更加放大了她的不良情绪。

（4）孩子在不哭的时候告诉我，她在学校没有朋友。

【心理分析】

心理老师告诉我，家里老人对这个孩子的溺爱造成孩子适应不良。当孩子在适应同伴交往、适应学校生活有困难的时候，孩子的反应是退缩，而家长不是帮助孩子积极适应，却是过度保护。这其实是小瑞瑞在学校产生很多不适应的一个很重要的原因。

幼小衔接阶段，孩子面临的环境适应问题主要有：对新的生活环境的适应、对学校新的人际关系的适应、对学习任务的适应。另外，还有一些生活规则方面的适应问题。在注重幼小衔接的幼儿园，大班阶段就会着手解决这些问题。比如每年六月，都会有幼儿园组织孩子参观我们学校，帮助孩子建立起对小学生活的一种情感憧憬，形成积极期待。但小瑞瑞以前的幼儿园和她的家庭没有考虑到她之前在幼儿园的表现，没有做好提前的适应准备。

适应不良的孩子，要慢慢习惯不依靠别人，试着自己安排自己在学校的学习和生活。家长和老师都要多指导，帮助他们体验适应的快乐。同时，身边同学的友善能够为她进一步的新生适应打下很好的心理基础。

【帮助措施】

我采取了三种方法来帮助她适应学校生活：

（1）心理上的安全营造。一方面，与科任老师做好沟通，让所有老师在上课时关注她的情况，并且注意上课语言，让她觉得老师都是亲切的。另一方面，让班上几个性格友好的小女孩小语、小思、小镜等主动去和她说话、玩耍。根据她的表现，我发现她在交友上不主动，我就让别的小朋友告诉她：她们想和她做朋友，而这更能让她感受到新班级的温暖。

（2）用丰富的学校活动吸引。我们用丰富的学科知识、多种多样的课间活动让她转移注意力，感受学校生活的乐趣。我们尽量采用形象直观的多媒体教学，又用小组比赛、完成学习任务获奖章等方式来上课，午辅时还要听故事。学校的运动会是个转折点，精彩活泼的开幕式表演，轰轰烈烈、热火朝天的两天运动会让她沉浸在了学校的集体氛围中，也一次次展开了笑颜。

（3）家校配合，巩固效果。从孩子第一次哭闹开始，我们一起分析原因，共同商讨应对办法，为孩子适应学校做出努力。孩子的家人也在一次一次的见面中明白了家庭教育中家人角色要如何扮演。

【后记】

昨天的某一节课后，我从前门出教室，看到从后门出来的小瑞瑞和小镜手挽手，走向架空层的书吧。我相信，她接下来的学校生活，将是快乐有趣的，她将不会因为没有朋友、学校生活与以前不同而难过。

接纳每个孩子

林 祥

工作五年以来，我一直担任班主任工作，现在也是班主任，可能在今后的很长时间里都会是。我觉得当好一个班主任真的很难，因为你面对形形色色的学生，你既要学会欣赏他们的优点，也要能够接纳他们的缺点。

在一个星期五下午最后一节课快下课的时候，我开始布置数学作业。因为通常到了周末，数学作业会布置一张周末试卷，所以我把试卷分给各个小组从前往后传。就在全班同学从前往后有序传发试卷的时候，突然从第二组传来一声拍桌子的声音，这声音在原本安静的教室中显得格外刺耳。和全班其他学生一样，我朝声音制造者看去，原来是我们班脾气最古怪的男生小亮。我问："怎么啦？"他没有回答，看起来情绪非常激动，眼神也很"凶狠"。见他没有回答，与他坐同桌的女生说："老师，我知道怎么回事。""你说吧。"同桌女生开始说缘由："因为小兰坐他前面，传试卷的时候她摸了他的试卷，所以他不愿意要试卷。"听同学这样说，小亮的情绪就更加激动了。

这里提到了两名学生：小亮和小兰。小亮这孩子平时脾气比较暴躁，爱惹事，但其实很脆弱，有时稍微挨点批评，就控制不住要哭，喜怒常形于色。小兰在一二年级的时候常因为性格比较直，得罪了不少同学，其中就包括小亮，但在老师的引导下，她改变了很多，其他同学也改变了对她的成见。

发生这样的事情，我感到很意外，但突然一想，这不正是教育的契机吗？于是，我对小亮说："你讨厌小兰是吧！"他回答说："是！""你为什么不喜欢她？"我继续问。他回答："班上很多同学都不喜欢她，又不是我一个。"我又问："别人不喜欢他，你就讨厌她？"他开始哭了起来。我说："要不我们来做个调查吧。"我在全班宣布："喜欢小兰的同学请举手！"然后，很多同学都举手了。我随便点了一个举手的学生，问他："你为什么喜欢小兰？在你们眼中，她不是有很多缺点吗？"那学生回答道："虽然小兰有很多缺点，但那是以前，她现在改掉了很多以前的坏毛病。"听到同学这样说，小兰露出了微笑。我接着宣布："喜欢小亮的同学请举手！"五年级的学生已经有自己的判断了，对于这件事的是非对错能够辨别，也能在一定程度上揣测老师的心思，知道是老师在"收拾"小亮，所以非常"配合"，结果一个举手的都没有，有些同学甚至开始了嘘声。看到这一幕，小亮哭得更伤心了。我想，这时对他来讲是最无助的时候，所以就在这一时刻，我慢慢地举起了我的手。全班瞬间变得异常安静，同学们都将诧异的眼神投向了我。

　　这时，放学的铃声响起，与以往每一个星期五的放学时刻都不同，没有一个学生显得兴奋，没有一个学生急着想要离开教室。看到我举手，学生也一个接一个地举起了手。看到这一幕，小亮依旧是哭，但我知道，这次的哭与之前的哭是不一样的。接着，我对全班同学说："同学们，我为什么要举手？那是因为在老师眼里，你们都是老师的学生。你们都是可爱的，但你们都不是完美的。老师不会因为你们犯了错，就不原谅你们。事实上，每个人都会犯错，以前会犯错，现在会犯错，以后同样会犯错。那我们能不能因为某人犯了错，就始终抓着他所犯的错误不放，永远不给别人改正的机会？就像小兰，大家都知道，包括她自己也承认，以前和同学相处得很不好，得罪过许多同学，但是，现在她已经认识到自己的缺点，并且有意识地去改正，所以现在很多同学都接受了她，不再跟她计较。再如，小亮，虽然他平时脾气暴躁，但我们绝不能只看到他的缺点，因为我们每个人都有缺点，我也相信他会慢慢改掉自己的小毛病。"听到这些话，小亮低下了头，似乎明白了些什么。

　　教育是项良心工程，这句话，说起来容易，做起来确实难。但不管怎样，我们必须坚持这样做。因为每一个孩子都是一朵待开的花朵，虽然花的品种可能不一样，开花的时节可能不一样，开出来的颜色也可能不一样，但是作为守园人，我们要做的就是用心、用情，静待花开！

专属记忆

林 婷

今年,站在班主任的岗位上已经是第五个年头了。从来没有想过,曾经毛毛躁躁怕麻烦的我,在和学生的各种磨合中,已经不知不觉地爱上了这个岗位,爱上了这份工作。有的时候甚至觉得能够成为这些孩子的"家长",有这班时而调皮、时而体贴的孩子是一件挺幸福的事。

去年9月,在送走了一届毕业生之后,还没有彻底从分别的失落当中回过神来,又匆匆接手了新的一届孩子。对于这些陌生的面孔,感到各种的不适应,对于这些陌生的孩子,感到些许的彷徨。不知以后我们是否能很好地相处,各种未知。

虽然有很多不确定性,但是课还得上,班主任工作还得继续。依旧跟以前一样,秉着以心换心的态度,开始了新一届的挑战。

今年的生日,一个自己都忙得忘了的日子。出于习惯,我早早地来到学校。跟往常一样,匆匆吃过早饭,便开始准备当天的资料。入冬后的天气,清晨的风凉得刺骨,走道上除了过道和教室的照明,周围更多的是浓重的黑色。心也受了这黑色的感染,有点重,有点凉。走进教室,出乎意料的,教室里面已经有了比平时多很多的孩子在自觉地大声地朗读着课文。琅琅的书声使我为之一振,微笑着在教室里面转着,享受着孩子们的朝气。当我走过每一个孩子身旁的时候,他们也都抬起头来望着我意味深长地一笑。这是之前没有过的情况。怎么回事?是我多想了吗?

早读结束,拖着有些酸胀的双腿往办公室挪去。天开始亮了,虽然没有放晴,但东方还是吐了白。空气中有露珠浸润花苞的清香,就像我每天的工作和生活,平凡,却有自己的味道。回到办公室,刚一坐下,门口突然就探进了好多的小脑袋。一个个憨笑着的孩子神秘地走到我面前,突然跟变戏法似的从背后拿出包装过的小礼物,"林妈妈,生日快乐!"瞬间,扑面而来的感动让我完全无法思考,甚至都不知道拒绝,就傻傻地接过孩子们手上的礼物。然后我们就这样围在一起,傻傻地笑着、乐着。外面的寒风还在吹着，但是办公室里却很温暖，从心里暖到身体。原来这些看似天真无忧的孩子们心灵是如此丰富细腻，即使再调皮的孩子也有他温暖的一面，也许平时他们会表现得冷漠，会暴躁，会叛逆，但那也不过是青春期孩子用来掩饰自己脆弱内心的伪装，他们始终是孩子。

自从那次后，我开始更加关注孩子们在学习和生活中的细节。越仔细观察就越发现他们每个人都有自己可爱的一面。无数个课间，孩子们都在教室里安静地做着自己的作业。偶尔有人交头接耳，我按捺下平时的冲动，走过去侧耳倾听，原来是在低声讨论遇到的难题。有时课间会看到个别孩子在走廊小跑，一问，哦，原来不是追逐，是想尽快上了厕所以后有更多的时间进行下一节课的准备，或者完成课堂作业。原来，我们之间有那么多的误解，原来，你们是一班那么可爱的孩子。原来你们从来没有离经叛道，你们只是有自己的方式和想法。原来你们都是我之前没有好好认识的宝贝。想到这些，突然有些伤感涌上心头。两年之后，我们将再次面临分别，两年之后，我将再次送走你们，那会是怎样的不舍和难过。然而，花苞终将开花，树苗终将成树，小船最后也会扬帆远航，目送你们走上更好的道路不就是我为人师的使命和责任么？

分别不可避免，然而现在也还不是伤春悲秋的时刻。我要和孩子们一起好好珍惜相处的每一天、学习的每一天、成长的每一天。一起走过的每一天都将成为我们的专属记忆。剩下的日子，我们参与过便是无悔。我的小花苞们，努力生长吧，那一片花园在等待着你们，那一片蓝天白云在等待着你们。中考战场，等待你们展现辉煌。

小绵羊种太阳

杨 静

大家好,我是新园丁小绵羊,我的职责是给滨河 2 号花圃的小花小草浇水、施肥、除草,让花圃里的小花小草健康茁长地成长。同时我还要播种太阳,让我的小花小草不仅长得快还能长得好,拥有太阳般的光芒和心灵,温暖自己的同时也温暖他人。我每天都在仔细认真观察我的小花小草,看谁需要种太阳。找了很久很久都没找到合适的,心里暗自高兴:"看来我的小花小草都很健康美丽,不需要我种太阳了。"可是,好景不长,慢慢地我发现了需要种太阳的小花小草。

(一)

一天中午午饭时间,排队打饭的地方传来了"嘭——"的一声,我跑出去一看,只见我 2 号花圃中的一棵小草校服上全是油渍,从打饭的地方回来了。我感到纳闷:"衣服上的油渍是怎么回事,打饭打到衣服上去了?"等这棵小草回到教室准备吃饭时,我悄悄来到他的身边问他身上的油渍是怎么回事,他慢吞吞地对我说:"是隔壁4号花圃的小草把饭倒在了我身上。"听他说完,我差不多猜到了原因,接着问:"为什么他的饭会倒在你身上?"他犹豫了一下没有回答我。我接着问道:"是不是你在拥挤的走道里乱跑撞上别人了?"他小声地回答:"嗯,但是……杨老师,他也在跑啊。"我说道:"老师说过吃饭的时候要有秩序,不能乱跑,过道很狭小,人又很多,如果大家都乱跑就容易出事情。那位同学也有不对的地方,可是那位同学的饭被你打翻了,你是不是应该去道歉并且帮他重新打一份饭呢?"他怯怯地回答道:"好。"说完马上去找到 4 号花圃的小草道歉,还帮他重新打了一份饭。

等他们两个都吃完饭,我把他们叫了过来,对他们不遵守秩序随意乱跑的行为进行了严厉的批评,并且告诉他们有序的重要性和必要性。在他们身上种下一个名叫"有序"的太阳。过了几天,我发现 2 号花圃里的这颗小草有序多了，打饭的时候，慢慢走过去排队，不像之前一样乱跑了，连做课间操和放学排队时都是规规矩矩地排队了，而且看见其他同学排队乱站、乱跑还给同学提意见。"有序"的小太阳正慢慢发着光。

（二）

　　一天，2号花圃的一棵小草和一朵小花打架了。小花被打哭了，伤心地对我说："杨……杨……杨老师，我的同桌，无名小草打我，我没有惹他。"看到这种情况，我知道我又要种太阳了。我找到无名小草问道："你问什么要打你的同桌呢？她欺负你了吗？她拿你东西了吗？她骂你了吗？"无名小草低着头说："没有。"我问道："那为什么呢？"无名小草想了半天，小声地说："她借了我的课外书一直没有还给我。"我耐心地说道："她没有按时还你的书是她不对，但你不应该动手打人，应该问她为什么不按时还你的课外书。也许她还没有看完呢。你知道她为什么是你的同桌吗？因为她想和你做朋友，喜欢和你一起上课才选择和你做同桌的。同学之间要宽容和友爱，你这样做不仅会少一个同桌，而且其他同学也不敢和你做朋友，你愿意自己一个朋友都没有吗？"无名小草害怕地说："啊，杨老师，我不要，我喜欢有朋友。"我接着说："那你应该怎样对你的朋友呢？"无名小草马上向他的同桌道歉："对不起，我不应该打你。那本书你慢慢看，我不着急。你……你……还愿意和我一起玩吗？"那朵小花听了不好意思地说："没关系，我……我也有不对的地方，我应该按时还你课外书。"说完，他们两个握手言和了。希望这个"团结友爱"的太阳能长存他们心中，温暖彼此，温暖全班同学。

（三）

　　"哈哈，这么简单都不知道。""我给你说，周末我去这个地方玩了……""这个游戏真好玩。""我昨天吃了很多好吃的。"我的耳边传来同学们叽叽喳喳的讨论声，但都和课堂无关，他们的声音已经盖过了正在回答课堂问题的同学的声音，我发现这位同学已经有点不好意思了。我马上停止了讲课，在讲台上严厉地注视着讨论的同学。课堂终于安静下来了，我没有马上发火，而是请刚刚说"哈哈，这么简单都不知道"的那位同学站起来回答问题。当然，我故意为难他，这个问题他回答不上。我没有指示他坐下，他就站在那里。接着我请了几个当别人回答问题时讲话声音很大的同学站起来回答问题。当然，他们回答问题时，我故意装作没有听见，和其他同学进行交流。我依然没有指示他们坐下。慢慢地他们的表情变得不自在，变得有点不好意思和愧疚。我说道："现在你们感觉怎么样？当你回答问题时我们没有听，而是大声说着其他事，你感觉你难受吗？当你回答不上问题时，感觉又怎样？"他们异口同声地说道："感觉不舒服。"其中一位同学说道："杨老师，对不起，我不应该在别人回答问题时嘲笑别人，还不专心听别人的回答。"我说："你对不起的人不是我，而是那位同学，你应该跟他说'对不起'。"那几位同学听了我的话，纷纷向刚才回答问题的同学道歉。这时我说道："能主动举手回答问题是很勇敢的，我们应该向他学习，同时要学会尊重同学，在同学回答问题时要仔细聆听。同时，知识是无限的，很多知识杨老师也不知道，我们要学会谦虚。"全班齐声说道："好。"希望这个"尊重、谦虚"的太阳能永远照亮他们的心灵。

低下头去聆听

周祥红

"上帝让人握着拳头，是想让人低头看看，手心有什么。学会低头，看看支撑自己的土地，心存感念，于感念之中体会幸福，于幸福中谋得力量，用这份幸福的力量支撑起高贵的头颅、深邃的视界、踏实的劳作，如此不断往复，幸福，便常驻人心。"（俞正强《低头找幸福》）著名数学特级教师俞正强老师曾在他所著的《低头找幸福》一书中，非常生动地讲述了他和学生之间的故事，其中最让我印象深刻的就是他与学生的那种真挚、平等的关系与感情，带给我许多思考和感悟：作为一名班主任，关爱学生、教育学生、引导学生成长，是我们的责任，但仅仅是责任而已吗？如果没有真心的付出，学生会听从老师的教导吗？所谓"动之以情，晓之以理""亲其师，信其道"，"情"在"理"之前，"信"的基础是"亲"，因此，要让学生听从教导你的教导，首先要让他亲近你、喜欢你。而现在的学生，自主意识极强，特别是高年级的孩子，思维想法随着年龄的增长而趋于复杂化，不是老师简单的关心就可以"收买"的。

暑假刚知道要接现在这个班时，我的内心是有些抗拒的。一方面，因为之前一直在教中低段学生，没教过五年级，又是中途接班，怕不适应、不会教；另一方面，和之前班的孩子相处得很好，在感情上很舍不得。后来，我利用开学前的时间了解了班级学生的一些基本情况和这个年龄段孩子的心理特点，算是有了一点准备。开学第一天，面对教室里坐得满满的62个孩子，我告诉他们：我们课上是师生，课下是朋友。而学生的表情告诉我：他们不相信。在接下来和学生的接触中，我用行动告诉他们，我愿意和他们做朋友：课间我会主动和孩子们一起聊天，聊他们喜欢的书、喜欢的偶像，和他们分享我的学生生活；和他们开开玩笑，逗逗他们；做孩子们的"树洞"，倾听他们的烦恼和秘密，哪怕是一些非常细微琐碎的小事，有时也会适当地给出一些建议……渐渐地，有的孩子开始愿意主动来找我聊天了，在我面前胆子也大了，甚至偶尔还有些童言无忌。我很开心，这说明他们已经对我敞开心扉了，在他们眼中，我不仅仅是威严的老师，也是可亲近、可信赖的朋友。而我则更深入地了解了他们的特点，这为我开展班级管理工作带来了很大的帮助。

班上有一男生小Z，在老师同学眼中，调皮捣蛋、成绩糟糕、习惯差，是他身上的标签。同学不喜欢他，其他老师也反映他上课纪律不好。一开始，我并没有过多关注这个孩子，直到有一次他上课影响同桌学习，被告状到我这儿，我才开始去了解这个孩子。

那天放学后，他被我留在办公室自己反省错误，然后我就去教室了。说实话，我并没有指望他能真正反省，这个年龄的孩子大多有点叛逆，当着老师面可能乖乖的，背着老师完全是另一个样子。半个多小时后，我回到办公室，惊讶地发现这个孩子居然还在原地一动不动，低着头老老实实地站着，没有挪动一点位置。这让我很惊讶，要是换成别的孩子早就是手脚不停、东张西望了。好奇之下，我把他带到身边坐下，和他聊了起来。

"可以告诉我，刚才你站在这儿在想什么吗？"我帮他把书包取下来，温和地问他。这孩子有些胆怯地看了我一眼，不说话。看他不愿张口，我一边帮他整理乱了的红领巾和衣领，一边说："我想和你聊聊天，你不愿意吗？"说着，装作有些失望的样子看着他。他低着头，红着脸，支支吾吾地说："愿……愿意。"见他愿意开口，我很开心，马上乘胜追击，"刚才我去教室，一忙起来差点忘了你在这儿，还以为你走了呢。现在看到你在这儿，我很高兴！"他一听，有些不好意思地看着我说："你说了你不回来，我不能走。""哦，你都记得，我自己都忘了，瞧我这记性！以后我忘了什么事，你记性好，要提醒我哦！"他使劲儿点点头，露出了笑脸。"那今天我就是一个情绪垃圾桶，你有什么想说的就尽管往里倒吧！"我夸张地张开双手，笑着鼓励他。孩子"扑哧"一笑，彻底放松下来。于是，他从今天被留下来的事开始说起，说了近十分钟，我只是专注地看着他，时不时地问个问题，说两句看法。说完后，他看着我，等着听我的教导，我拍拍他的肩，总结道："你把我要说的话都说了，看来你已经认识到了自己的问题在哪儿，也知道怎么改正，我没什么要说的了，只期待看到你的行动！"他惊讶地看着我，完全没想到我一点都没批评他，随即他认真地对我点点头。聊天结束后，这孩子便离开了办公室。没想到他又返回来，在门口对我挥手，笑得很开心地对我说："老师再见！"

后来，我和小Z又有过几次聊天，也和他的妈妈聊过，了解到这孩子生活在单亲家庭中。他妈妈一个人把他带大，总觉得亏欠儿子，对他有求必应，又想给孩子创造更好的条件，所以拼命工作，缺少对孩子的陪伴和了解，对孩子的习惯养成也没有足够重视。而孩子从小缺少父爱，加之妈妈又溺爱，因此性格比较自我，行为习惯差。但他本性淳朴，是个善良的孩子。

对小Z深入了解后，我决定把他列为重点关注的对象，常常和他一起聊天谈心。渐渐地，他在我面前变得不那么胆怯了，更加愿意说出自己的心里话，把我当成了他的朋友。而我总是低下头去聆听、去感受。同时，在学习和习惯上，我也对他一点点地提高要求。慢慢地，他在课堂上听讲更认真了，有时甚至愿意主动发言了，作业也开始做了。看得出他在一点点进步，在改变。

我们的学生是需要被理解的。我相信，只要我们老师愿意低下头，去聆听孩子的心声，去了解他们的需要，我们的教育对于孩子们来说，会更加快乐而有效。

爱动其心，拉近距离

夏 华

美国成人教育之父戴尔·卡耐基曾说："如果一个人真诚地关爱别人，不仅付出关心的人会得到相应的回报，得到关心的人也同样会有所收获。"的确，真诚的关爱很重要。作为当了九年班主任的我，在转化后进生上我做了很多工作，老师只有对后进生倾注真诚的爱，学生才会从感情上亲近你，从而达到"亲其师，信其道"的效果。

两年前我们班转来了这样一个孩子。当我第一眼看见她时，就从她的眼神中感觉到她的内向与不自信。在后期的班级生活中，我发现孩子不仅严重不自信，而且不爱说话，学习基础也差，对学习也没兴趣。针对转学生这样的情况，我心里很着急，也和科任老师交流了她的情况。在掌握了孩子的基本情况后，最终，我决定和家长谈谈。但情况远远比我想的糟糕，孩子家里长期没人，家长也十分不配合，每次总以自己很忙为理由不与老师交流。

在这样的情况下，我决定从走近孩子开始。记得那是一个很冷的冬天的夜晚，外面大风呼啸，校园里的大树在风中摇晃，一条条树枝就像一条条狂舞的皮鞭在空中抽打着。班上的孩子们都放学很久了，为了转化后进生，我仍在教室里为几个孩子听写。依稀记得这个女孩子扎着马尾辫，头发乱蓬蓬的，最后一个来我这过关。她慢吞吞地走到我的面前，怯生生地把本子递到我的手里。这时的我并没有因为她最后一个来而恶狠狠地批评她，反而温柔地看着她，并用手轻轻地抚摸着她的头，帮她重新扎了个高高的马尾，还打趣地递过一面镜子让她看："你看，这样是不是乖多了？"孩子脸上马上露出了难得的笑容。"这么晚了，妈妈会来接你吗？"我问道。"不会，爷爷可能会来。"她轻轻说道："他们不担心你吗？"我紧接着问她。"不会，家里还有个弟弟呢，他们要上班，还要照顾弟弟，不会关心我。"她为难又不开心地说道。从她的言语中，我听出了她的心声，安慰她道："没关系，妈妈爸爸太忙了，但他们也是爱你的。"我轻轻地把孩子搂进怀里，抚摸着她的头:"其实,老师、妈妈、爸爸都是爱你的……"孩子不停地点头,脸上慢慢露出了会意的微笑。我知道在我的开导下,孩子心里舒服多了。但望着孩子渐渐远去的背影,我沉默了……

一个后进生的背后一定会有很多原因,这个可爱的孩子我一定不能放弃她,而要帮助她。从这以后,无论是在学习上还是生活上,我总是给她无微不至的关怀。为了帮助她建立自信,我有意识地给她创造一些可以锻炼能力、培养自信的机会。如我给上课老师写纸条,让老师主动点她发言。甚至在我的课上,上课之前,我会事先告诉她要提的问题,课堂上再点她发言,她非常开心。我鼓励她继续大胆发言,并引导她在语文课上主动争取朗读课文一类的表达机会。我还让她做小卫生员,负责检查班级同学的个人卫生,还让她帮着收发本子等。在这些工作中,给她机会展示自己、跟同学交往。她也逐渐变得开朗起来,脸上开始有了笑容……

另外,我也找机会到她们家进行了家访,并把孩子的变化告诉了她的父母,最后我对他们说了一句:"孩子觉得你们只爱弟弟,对她毫不关心,根本不爱她。希望你们能从准时参加她的每次家长会开始关心她,让她感受到父母对她的爱。"孩子的父母被我打动了,逐渐改掉了对孩子的冷漠态度。

如今,孩子变了,从一个做作业拖拉,被人忽视,孤僻、自卑、忧郁,对自我失去信心的学生变得活泼开朗。她的脸上经常出现笑容,眼睛也明亮多了。上课时能积极举手发言,作业质量也在提高,有不懂的地方她还主动来问老师,学习上已经出现了可喜的进步。在我和这个孩子的故事中,我是用真诚的关心和无私的爱转化了这名后进生。正所谓"精诚所至,金石为开"。

野百合也有春天

谢丹花

就算你留恋开放在水中娇艳的水仙，别忘了山谷中寂寞的角落里，野百合也有春天。

——罗大佑

世界上有很多花，有花香四溢的玫瑰，它们拥有艳丽的花瓣，在温室中尽情地享受人们的呵护与赞美，集万千宠爱于一身。但也有一些花，它们没有令人艳羡的华丽外表，也没有温室中阳光雨露的滋润，甚至生长在寂寞的荒郊野外，它们就是歌词中所唱的野百合。

在我们的班级管理中，会有那么一些学生，他们就像野百合一样，缺少阳光的抚摸，缺少雨露的滋润，在自己的世界里寂寞地绽放。我们作为班主任，不就是要给他们提供阳光雨露，让他们尽情绽放吗？只要我们相信野百合会有美好的春天，就能让他们拥有最美、最炫的春天！

我班有个学生叫小杨。她是班上一个典型的问题学生，行为习惯差，性格孤僻，上课要么扰乱他人学习，要么自己做自己的事，根本不把注意力放在学习上；与同学间时常闹矛盾，同学们都不愿意和她一起玩，有的同学不愿和她坐同桌，有的同学不愿和她在同一个学习小组，说她拖后腿。她经常不完成作业，各门功课单元测试经常不及格，生活中和家人关系也不好，在外留宿……这个学生让我既头疼又无奈，常常让我束手无策。于是，我找她谈话，希望她在学校遵守各项规章制度，以学习为重，自我调节，自我改进，做一名合格的中学生。但经过几次努力，她只在口头上答应，行动上却毫无改进。看到她不思进取的样子，我的心都快凉了。

就在这时，发生了一件事。军训结束的当天适逢假期，我已经回到了家中。夜半时分，电话铃声急促地响起，原来是小杨的姑妈打过来的。她告诉我，小杨还没有回家！我一听，急忙联系班上的同学和家长。但是，所有的人都打听完了，也没有任何消息。我又和年级的其他老师、学生、家长联系，还是没有任何消息。正当我们急得团团转的时候，一个同学提供了一个消息，小杨和她小学时的一个同学是好朋友，下午有人看到她们曾一起玩。我一听，连忙打听那位同学的地址，然后不顾疲劳，驾车来到那位同学的家中。小杨果然在那里。

我立即通知了小杨的家长，我知道，这种行为绝对不能纵容，于是，我当着她家长的面，把她狠狠批评了一顿。虽然她当时流下了眼泪，但看得出来，她内心深处受到的触动并不是很大，于是我决定进行一次家访。

通过家访我得知，她出生于一个非常贫困的家庭，家里有姐妹二人，母亲在她出生后不久就离开这个家，不知去向。父亲年纪已经很大了，身体不好，文化程度不高，在一个很不景气的厂里打工，收入非常低。家里还有一个九十多岁的奶奶，经常生病，需要大量医药费。父亲在巨大的压力下没能给她起码的关爱，甚至经常埋怨孩子，认为她们拖累了家庭。小小年纪正需要父母疼爱之时，却没人疼爱，她的内心充满了孤独、怨恨。

家访之后，我内心久久不能平静。缺少爱、家庭的不完整引起她自卑的心理，导致了她心灵世界一片荒漠，才让她有了这样一种性格。我感觉到她需要我们给她一份特殊的关爱，寂寞山谷中的野百合，需要特别的阳光雨露。于是，我决定给予她特别的关爱。假期结束前一天，我把她叫了出来，带她来到商场，给她买了一件漂亮的上衣，并告诉她："也许一件衣服不值多少钱，但你要知道，你的家人以及我们所有的老师都不会放弃你，只要自己看得起自己，就一定会获得老师的喜爱和同学们的尊重。"当她脱下原来的旧衣服换上崭新的衣服时，这个从来都未正眼看人的孩子眼睛红了。然后我送给她一个笔记本，利用周记练笔的机会，让她把自己每天的喜怒哀乐以及想说的心里话写上去，每周到校后交给我，这样我就可以及时掌握她的思想动态。最初，她不愿意把自己的全部真实想法写进去，但随着我的不断付出，她越来越多地把自己的心里话写到笔记本中。而我每周都会利用空余时间，和她一道就笔记本中的问题谈心，找办法……

之后，我又纠正她的学习习惯，让她习惯于天天做作业，天天把作业做好。我利用她动作快的特点，在午间、下课的间隙，提早给她布置作业，为她批改作业，在全班同学面前表扬她学习效率高。碰到双休日，我又让她与成绩好的同学结对子，一起在小伙伴家里完成作业。有时她的作业做完了，我就让她到楼下书架上借书看，让她不要贪多，每天看一点，每天坚持，看完之后讲给我听，逐渐培养她看书、动笔的兴趣，并慢慢巩固成一种习惯。

经过这一段时间的努力,小杨的进步是明显的,她上课开始认真起来,作业也能按时完成。前次月考,她的各科成绩都及格了。与同学之间的关系也改善了,各科任老师都觉得她上课时有明显的进步。她的眼睛里少了一份惘然,多了一份自信,脸上增添了一些灿烂的笑容。

关于后进生,著名教育家苏霍姆林斯基曾经说过:"这些孩子不是畸形儿。他们是人类的无限多样化的花园里最脆弱最娇嫩的花朵。"像小杨这样的"野百合",只要我们老师给予他们真诚的爱的浇灌,他们也同样可以拥有怒放的春天!

教师节最好的礼物

刘建宏

今天是周末又是教师节,为了不辜负大好时光,准备睡个懒觉来犒赏下自己。来滨河中学已有三个年头,自己这根弦一直紧绷,因为每当我看到那些对知识充满渴望的面孔,我的内心就时刻提醒自己不能懈怠,不能误人子弟。

可是天不遂我愿,一声声的"滴滴"还是打扰了我的美梦。我拿起手机定睛一看,原来是这个小姑娘,"起床气"一下子都消了。这是个与我有故事的小女孩。回想过往,这孩子给了我无限的乐趣和鼓励。

这个小女孩是我们学校实施走班分层教学,被分到C班的。C班是成绩排名最后一个班,这个班的学生大多因为前期未完成的学习任务太多,所以丧失了主动学习的能力,对于学习他们是心有余而力不足。这个小女孩就是其中之一。在拿到这个班的成绩单后我沉默了,学习再差也要毕业,成绩再差也得中考。为了不辜负我这个职业,不辜负家长的信任,不辜负孩子的求知欲望,我专门在教学和作业上做了调整,制订了一套教学计划。这些学生底子差,我就先为他们制订了一个小目标,先考及格。同时,我把平常给其他班的作业内容做些减法,让孩子找到做题的乐趣,找到自信。另外,教学方式上也有所改变,经常奖励他们,奖励的方式和内容因学生不同而不同,比如性格急躁爱说话的孩子只要上课表现好,我就减免他的家庭作业;思想爱开小差的只要上课认真,就会得到一些小礼物或者口头表扬。如果全班表现都好,我就给他们讲个笑话或者给他们看一些跟物理有关的科幻电影。这样坚持了一段时间,慢慢地有了效果。他们开始对物理这门课程感兴趣了,对我这个物理老师也不那么排斥了,我们开始成为朋友,成为学习的搭档,我负责教,他们负责学。

在这个过程中,我也重点关注了一些学生,这个小女孩就是其中之一,这种关注让我们之间产生了友谊。还记得第一次对她产生印象是刚到C班,这个小女孩老是在我上课时笑。我问她为什么笑,她每次都腼腆地摇头微

笑。下课后我专门翻出这个小女孩的资料看了下，她成绩中等，还有提升空间。等到后来上课，我开始抽她回答问题，下课找她聊天。慢慢地我越来越了解她，我们也逐渐成为朋友。记得在毕业典礼上，主持人特地安排学生上台给老师送礼物环节。她找到我说："老师，我想给你送！"对于每个学生我都有教育好的义务，而我的这种应有的义务换来了太多的友情和尊敬。每当我想到这些，便激励自己更加兢兢业业，教书育人。

想到这些，我翻身坐了起来跟她微信聊天。原来教师节的前一天是周五，她回母校来看我，想给我惊喜。可是她来的时候我已经下班了。她还失望地拍了一张我办公室门上贴的教师名单。当她把照片发过来时我觉得我收到了最好的教师节礼物。这些年在这个岗位上我一天都不敢懈怠，因为我不能辜负这一颗颗炽热的心。在这些年的教学过程中，我也不知道是我给学生的鼓励多还是他们给我的鼓励多，不知道是我在对他们的教学当中找到了乐趣，还是他们在我的课堂上找到了方向，但是我知道我在这个过程中找到了友谊，收获了成就。我希望我的每一份付出都能让一个个孩子有所收获，就像曾经对我谆谆教诲的老师们那样。每次我回母校拜访曾经的师长，感激心情与这小女孩何异？真是相逢一见太匆匆，校内繁花几度红。厚谊长存魂梦里，深恩永志我心中。

这件事虽已过去，每每思之宛在眼前。

"冷处理"背后的教育智慧

徐 溧

还记得那是阳光明媚的 9 月里的一天。夏日的余热还未从川北的这个小城市褪去，校园里充满着各种花草的芳香。新学期伊始，我刚接手我的第二届学生。作为班主任，我准备先花一节课时间对这群 7 年级学生进行收心教育。

俗话说得好："万事开头难。"因此，我很重视第一节课，可谓是有备而来。我在前一天晚上就已经想好了，一定要给学生一个下马威，一定要给学生留下一个严厉的印象，哪怕留下一个凶悍的印象都不要紧。因为，我大学毕业刚参加工作时，由于对学生的态度太温和良善，根本管不住那群不懂事的熊孩子。在他们眼里，我不像一个老师，更像是一个大姐姐。虽说有亲和力是好事，可没有规矩，又何以成方圆呢？

有了前车之鉴，我自然不敢再重蹈覆辙。于是，我特意穿上一套显得成熟的衣服雄赳赳、气昂昂地走进了 7 年级 9 班的教室。随着我的到来，之前还沸腾着的教室瞬间安静了下来。果然班主任面子比较大啊，我心中窃喜。于是，我一脸严肃、平静地向大家作了自我介绍，然后开始进行班级常规教育。正讲得投入，突然听到安静的班级里有一点极不和谐的说话声音。循声望去，原来是一个留着运动型短发的高个子女生正在兴致勃勃地跟同桌说话，讲得眉飞色舞的。看她的表情，应该是在上演和同桌主动搭话、互相认识的校园剧戏码。

我心中暗想，杀鸡儆猴的时候到了——于是，我猛一拍讲台，大吼一声："最后一排那个戴眼镜的女生，上课不许讲话！"那女生当时就被我吼懵了，脸色一瞬间由红润变得苍白。继而，她的脸上露出极其桀骜不驯的神色，还有隐忍的愤怒情绪。她的头偏向一边，眼睛根本不看我，也没有任何认错的态度。我非常生气，当着全班严厉地批评了她。当然，我的批评语言是客观的，不带任何侮辱性质的字词。我想，只要我讲的道理是正确的，哪怕语气严厉一点，学生最终应该还是能理解的。

　　下课后,我把那个女生叫到了办公室,想再好好教育一下她。因为自从我批评了她,她从头到尾就没有正眼瞧过我这个老师。我想,再好好跟她沟通一下,她应该能够明白事理。可是,一切都出乎我的意料。她虽然来了办公室,但是仍然桀骜不驯地歪着脑袋不看我,我几乎要当场发飙了,但是转念一想,她现在已经很情绪化了,如果我再发飙的话,估计事情会变得更糟。于是,我按捺住心底的不快,心平气和地跟她讲道理,希望她能理解老师的良苦用心。换作是其他学生,这个时候差不多也就该跟老师认错道歉了。可我苦口婆心说了半天,换来的仍然是她的一言不发。我本身并不是耐心特别好的人,于是挥手示意她可以出去了。她高昂着头迈着大步迅速离开了,我们的第一次交流以不欢而散告终。

　　这还不算什么,从那天以后,我发现,她根本不听我的语文课,课堂上不记笔记,课后也不做作业。我前后找她谈了好多次话,希望她能认真对待学习,对自己负责,每次她都不发一言地以沉默来对抗我的教育。我心里很着急,心想她现在既然听不进去我的话,也许同龄人的话能听进去。我请她的好朋友来劝解她,但一点效果也没有。她好朋友告诉我,她觉得开学第一节课就被老师当众批评很没面子,所以很难接受。后来,我私下打电话和她家长沟通,得知她是从小被爷爷奶奶宠大的,可以说是溺爱造成了她如今的这种性格——几乎听不进去一点点批评意见,自尊心强到一般人难以想象的程度。连她爸妈也不敢怎么说她,一说她她就要离家出走甚至自残。我很震惊,没想到她竟然有这样偏激的性格,于是开始思考新的教育方法。

　　有一天,我偶然跟我同组的一位老教师谈到了这件事。我跟他说我特别苦恼,但我并不想放弃这位女生,只不过越想和她沟通,她就越不耐烦,所以我也是黔驴技穷。结果,这位老教师马上就给我支了个招——他说这种学生个性太强,反而不要太把她当回事,不然她只会更把自己当回事。事情本身很简单,老师教育学生也是天经地义的,总不能因为某个学生个性太强就不教育他了,那样的话,其他学生就更不好教育了。那位老教师建议我对这个女生进行"冷处理",只要她上课不讲话,就不管她,平时不交作业,也不管她。

　　我采纳了这位老师的建议,对这位女生完全实行"冷处理"。不去催她交作业,也不再提醒她要听课学习。甚至,我课上课下看都不看她一眼,就当没这个人存在。结果,不到三天,她好朋友就来找我,说那位女生最近这两天很失落,觉得老师都不管她了,还是很希望老师不要放弃她。我

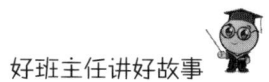

不禁莞尔,我让她转告那位女生,我从未放弃过她,是她自己不学习、不交作业从而自我放弃的。只要她端正态度,这个事情我也不会再去追究。

第四天,她开始交作业了,还把之前欠的作业都补上了。课堂上虽然不发言,但也开始认真听课做笔记了。看到这样的现象,我感到很欣慰,但我并未马上找她谈话,我不希望她借此故态复萌。等了大概有三天的样子,我才找她进行了一次推心置腹的交谈。这一次,她态度很恭敬,也向我坦诚了自己的错误,并表示以后一定好好学习。从那以后,我看到了一个朝气蓬勃的女生,一个积极进取的女生,一个一心向善的女生。中考之后,她以优异的成绩考入了广元市一所重点高中。

可见,教育学生也不一定都要趁热打铁。有时候,适度的冷处理,反而蕴藏着教育的大智慧。正所谓"敌动我不动",静观其变,方能以静制动。

众人拾柴火焰高
——班主任教育案例分析

周红军

执教几年以来，担任五年班主任工作，在这条道路上逐渐找到前进的动力，最初的梦想潜伏在心底，渴慕着期许的目光。回顾往昔，众多事例呈现在眼前，而最令我难忘的莫过于那一年冬季发生在我班学生身上的事情。

这个学生名叫张某，是我班的一位典型"困难户"：学习成绩较差，行为习惯极端不好，自控能力低下，并且自卑、孤僻、撒谎现象较为严重。2011年12月4日晚上11点左右，正当我拖着疲惫的身子准备入睡时，电话声突然响起，我拿起电话一看，又是那位学生的家长，我大概猜到了她要讲的内容，可这一次没猜对。

我接过电话，家长说了一些感谢老师栽培之类的赞美话语，我一下子愣住了，平日里这位家长一般都是埋怨这、批评那的，怎么今天突然来了个大转弯的态度，让人有一种受宠若惊的感觉。于是，我立即向家长咨询原因，原来她的孩子最近经常晚上11点之后才回家，可他却跟家长撒谎说在老师那完成作业。其实是孩子每天晚上放学后就直奔网吧打游戏。第二天一早，我主动找到家长，我先诚恳地提出了我的一些意见，然后"约法三章"：积极配合学校对孩子的教育；处理方法上家长与老师保持高度一致；处理过程中，一些细节适当对学生保密。家长欣然答应了我的要求，表示愿意积极配合。

接下来，在家庭教育方面，我给家长提出了以下具体处理方法：在家里，最近这两天高度疏远孩子，采取冷处理方式，不过问，不批评，让孩子有一种彻底不适应的感觉。因为我十分了解该学生的家庭情况，该生从小父母离异，生长在重组家庭里，长期受到母亲的严厉呵斥，缺少应有的关爱。他早已习惯母亲平时粗暴的教育模式，语言更是难以融化他内心的"坚冰"，所以我才给家长提出了这样的教育方法。

与此同时，在学校教育方面，早读课上，我心平气和地走到张某座位跟前，说："你可以到办公室去上网啦，老师的电脑上有很多好玩的游戏。"他一脸的茫然，可是这时候不由分说，我坚持请他到我的办公室电脑旁。他知道昨晚上网一事彻底败露，也认为自己会受到严厉的处罚，可是这一次他没料到我会如此处理。

这一天就这样平静地过去了，张某怀着一种说不清的情愫回到家里，原以为又会招来母亲的恶棍相迎，哪知一推开门，母亲早已悄然入睡。这一个夜晚用后来张某自己的话来说是"史上难熬夜晚之最"。

第二天我一如既往地请张某到我的办公室修炼他心驰神往的游戏，我并未与他进行太多的话语交流，但是我能感受到他此刻内心的不安，他知道暴风雨即将来临，可是却不知道来临的时间和处所。第二天晚上，张某回到家依然是那样的平静，平静得让他有些窒息。

第三天早上，张某来到学校立马奔到我的办公室，他终于控制不住自己的情绪，哀求道：老师，你惩罚我吧，你让我扫地、念检讨都行，不要让我再到办公室上网。这时，我开始严肃地跟他说："这样吧，我们做个民主表决，如果一会儿全班绝大多数同学都愿意原谅你，那我就不惩罚你了。"张某听了这话，顿时失去了信心，因为他知道他在班上不受欢迎，很难得到大家的支持。接下来，我开始走进教室跟全班同学通报张某这一次重大违纪行为，在通报的过程中，我更多地给全班讲了张某身上的很多优点，让全班都感受到他并非一无是处，还是有很多值得学习的地方，全班同学都举起手表示愿意给他一个改错的机会。民主测评过程中，张某一直在教室门外，所以他并不知晓教室里发生的种种情况。这时我请求全体同学将手一直举着，然后我让张某亲自走进教室目睹测评的结果，当他看到全班都为他举手的这一幕时，我第一次看到他眼角闪烁的晶莹的泪花，那是智慧的泪珠、最美的答案。

这件事注定在张某的学习生涯中烙下深深的印记，后来他改变了许多，成绩在班上突飞猛进，几次被评为文明之星。

通过这一案例，作为班主任的我，领悟最多的莫过于那句耳熟能详的话语"众人拾柴火焰高"。我想如果没有该生家长的积极配合，这位学生也许仍然沉浸在他的游戏世界中。家长是学生的首席教师，学校教育的发展始终离不开家庭教育的配合，教育是一场别开生面的接力赛，需要的是彼此的合力。

用爱浇灌，静待花开

郑忠媛

"老师，小龙打我了。""老师，小龙没交作业。"……早上一走进教室就有学生来给我报告小龙今天又犯错了。小龙呢？优哉游哉地坐在座位上。这是四年级我才接手班上工作时每天必然的情景，当时他实在是让我头痛。小龙经常不交作业，书写一塌糊涂，可以说是我们班上作业质量最差的，总是涂涂改改。每次作业没过关要他留下来，他逃走跑得飞快，批评他也是满不在乎的样子。除了学习上的问题，还特别喜欢欺负同学，只要没如他的意就对同学发脾气拳脚相向。请家长到学校来，家长总会说他就这样他们也没办法。面对这样的学生，我曾经想过放弃他，撒手不管，反正考试都不及格了，可是又想到作为老师，我要对班上的每个孩子负责，如果我都不管他了，他真的就会越来越糟。

一天，我上课前走进教室，马上就有同学来向我告他的状。我没有如往常一样立即批评他，而是看了看他，平复了其他同学，就正常上课。下课后把他叫到办公室，让他和我面对面坐着，笑眯眯地看着他。他感到惊奇，偷偷地看着我。我笑着说："头抬起来看着老师。"他带着他一贯的满不在乎的表情慢慢地抬起头来看着我。"你觉得老师要和你说什么。"我问道，他想了想说："我欺负同学了，打了他呗。"我摇摇头说道："老师今天不批评你，老师只想和你说说话，因为老师觉得有很多事情老师没有真正了解。今天为什么让你坐着和老师对话，是因为老师想和你平等地对话，你把老师当成朋友。老师以前总是只看到你欺负同学、不交作业这些不好的方面，你肯定也有好的方面，只是老师没有了解你，你今天给我说说好吗？"他看着我没有说话。过了一会儿他说："我不知道我有什么好，所有的老师都说我不好，爸爸妈妈也说我只会惹祸。"听完这些，我的心里感到丝丝疼痛，意识到我们长期的批评已经让孩子自己都放弃了自己，不相信自己所以才会变成现在对什么都无所谓的样子。我说道："每个人都有优点，你在老师心里也是优秀的，只是你没把你好的一面展示给老师。这样，以后你每天到学校单独把你的作业交给老师，每天老师第一个改你的作业好不好，如果想发脾气就来找老师，忍住不发脾气老师有奖励，好吗？""好！"他大声回答。

  第二天到办公室，看到他那皱巴巴脏兮兮的练习册已经放在了我的办公桌上，心里有一丝欣慰，虽然翻开后发现作业依然几乎是全错。上课时在全班表扬他今天按时交了作业并且全部作业都做完了，那节课他上得特别认真，还破天荒地举手回答了问题，我心里高兴得不得了。课后我把他叫到办公室，翻开练习册对他说："小龙，今天你很棒，把作业交到老师这里，并且都做完了，还对了一道。要继续加油，老师看好你。"他不好意思地说："老师，我做不来，我认真做了的。""以前做不来，以后认真听课就会做了。放学后老师留堂给你补，你认真听就好了。"我说道。

  以后的日子里，他经常到办公室，主动问我有没有什么事需要帮忙的。无论在什么地方碰到，他都会欢快地和我打招呼。虽然从那以后他的成绩并没有突飞猛进，但慢慢地每天会按时完成作业，经常下课的时候也在做我布置的作业，遇到不懂的会主动问同学问老师。他的成绩逐渐提升，从二三十分到四五十分，再到最后小学毕业的八十多分。我想，在他以后的学习生涯中他会越来越好。

  爱是教育的前提，没有爱就没有教育。作为教师，我们只有先学会爱孩子，尊重孩子，信任孩子，包容孩子，让孩子真真切切地感受到老师对他们的爱和关心，他们才会亲近你，相信你。正所谓亲其师，信其道。他们愿意和你亲近，你才会真正了解他们的内心世界，才可以更有效地施教。

  我相信，只要有爱，有责任在心中，不管是优秀的，还是学习有困难的，甚至是有缺陷的学生，我们都应该不带任何功利色彩，用期待的心态去等待学生的每一点进步，用欣赏的目光去关注学生的每一个闪光点，用喜悦的心情去赞许学生的每一份成功！只要我们满怀信心，用满腔热情去关心、温暖他们，去感化他们封闭的心灵，那么静待花开，清风徐来。

家校携手，培养孩子良好行为的习惯

柳 宁

翻看去年的班主任工作手册，发现我的24个"家访情况"记载里，竟有8个是关于他的。在"教育个案"里，也是对他记录了最多的语言。他曾是我班上让我最头疼的一个孩子。他隔三差五不完成作业，课间总是和班上其他小朋友打闹、疯跑，甚至打架。上课不听讲，还总是插嘴和影响别人。每次被罚站，都不能安稳地站在那里，而是趁老师不注意，在后面拨弄别人一下。我也曾为他发过无数次火。很多次放学后把他留下来练习正确的坐姿，因为他上课时不能在板凳上安静地坐上哪怕几分钟。

现在的他与以往的他是两个人，连同年级其他老师也经常说："你们班的他，这学期进步好大哦，转变成另外一个人了。"他以前在全年级是出了名的调皮。现在，科任老师也不时在我面前夸他。再也听不到其他老师说他违纪，再也听不到其他小朋友告他的状，再也听不到其他家长说他欺负自家孩子。他是我最器重的语文小组长。为什么最器重呢？我的8个小组长，在刚开始收作业时，总有收不齐的，而每次收不齐时，总要我提醒去催促没有交作业的同学。而他，每次都能收齐，没有收齐时，他总能说出是谁因为什么原因没有交，而且他课后必定会守着那个同学把作业补齐。要是以前，下课的时间对他来说可是极其宝贵的，他是不愿意浪费一秒可以玩耍的时间的，经常是踩着铃声优哉游哉地晃进教室。他还是上课积极举手回答问题的好学生。他的表达能力一直都不错，过去因为总是不举手就说话或随便插话，他的较好的表达能力不仅没有给他带来光彩，反而总是因为不能遵守课堂规定而遭到批评。现在，他不会随便就蹦出一句话，他会举手等待回答问题的机会，也不会因为我没有点他回答，就故意在下面说话引起我的注意。他因为上课认真，态度端正，每次回答问题都让我很满意。他总是给我惊喜，就像他的写话本，他写的文字和内容总是那么的与众不同，让我眼前一亮。这孩子的转变，也引起了我的反思。他是怎么越变越好的呢？

这当然要归功于他家庭的配合。记得,我每次给他妈妈反馈他的问题时,批评数落的时候居多,但每次他妈妈都耐心地倾听,还不断地询问我育儿新招。不像有些家长只喜欢听老师表扬自己的孩子,而听不进去老师的半点批评和建议,或者只是"好好好""哦哦哦"地附和着,却不见为此做出的努力和改变。而他的妈妈在听了我几次反馈后,意识到孩子的行为习惯存在问题,主动寻求原因。原来,孩子小时候一直是爷爷奶奶在带。老人特别娇宠孩子,却又是急性子,在孩子不听话时,特别爱吼孩子。孩子自尊心经常受到挫折,感觉不被大人理解。大人的处事方式也潜移默化地影响了孩子,所以他在刚进我班时,是一个野蛮又粗鲁的莽小孩,做事情很多时候没分寸。稍不留神,他就惹了祸,经常被学校德育处抓到踩草坪、抠橡胶草坪、爬足球栏网、翻窗子等等。在爷爷奶奶带的那几年里,孩子养成了不好的行为习惯,但一时半会又难以纠正。孩子妈妈也意识到了习惯的重要性,她为了孩子,索性辞去工作,专心在家辅导孩子每天的作业。除此之外,在我的建议下,她每天让孩子练习字帖,以培养孩子安静的品格,让他从能在板凳上安静地坐好、能稳稳地站在那里不乱动开始。每天都坚持做下去。慢慢地,我发现孩子写字速度提升了,上课可以跟得上大家一起做笔记了。又过段时间,家长反映孩子做作业比以前快了。以前,孩子因为在学校不听课,回家都是家长当老师,再把内容给孩子讲一遍,所以她妈妈曾给我诉苦说辅导他做作业太累了,感觉他在学校什么也不学,回去什么也不会做,她一道道题辅导他做完,都快9点了,自己什么事情也做不了,孩子辛苦,她也累。我就告诉她,正因为这样,家长更应该重视孩子良好行为习惯的养成,要不然,以后高年级,孩子习惯不好,成绩会更差,家长那时候付出的心血会更大,而且,那时再来培养孩子的好习惯,就会事倍功半。家长知书达理,更加频繁地和我交流孩子生活上、学习上的问题,并和我悄悄商定好针对这个孩子的一套管理办法。例如,他只要每天把作业抄回去,第二天来,我就给他一块班币,这是其他孩子所没有的待遇,因为他们没有什么特殊问题,本就应该每天抄作业。在这一张张班币的诱惑下,他乖乖地抄了一个月的作业。她妈妈欣喜地说:"柳老师,孩子很在意你发给他的班币,自己做了一个小钱包,每天都把钱收得整整齐齐的。"我看到这办法可行,继续对他进行鼓励。

我也从科任老师那了解到,孩子很多时候违纪,是因为他渴望得到关注,找不到积极的方式,就用了极端的违纪方式。孩子还是很希望得到关爱和理解的。所以,平时生活中,我对他加以关注,经常喊他跑腿做一些小事情，刚开始他干得虎头蛇尾，比如，让他去帮我找一个人，后面你会发现他也直接不见了，忘记我喊他做的事情了。我知道不能再当着所有学生的面批评他，就在私下告诉他，我相信他能把事情做好。慢慢地，他真的能帮我跑腿做很多事情。就这样，他一直在进步着。

  暑假，他的爸爸妈妈经常带他去旅游，去见识外面的世界。他在与外界的交流互动中，越来越懂事，越来越爱学习，积极向上。

  站在今年，回顾去年，展望明年，我想对他说：孩子，你进步了，你真不容易。你的爸爸妈妈也用心良苦，他们无数次被我叫到学校，一直陪着你完成作业才离开。曾经有几次，都是七点以后踏着星辉回家。但功夫不负有心人，他们的付出，有了回报，老师也为你今天的改变而自豪。希望来年你继续做最好的自己，向着优秀的路进发！

  这个成功的案例，离不开家校的合作。此次家校合作，给了我三点启示：

  （1）多让孩子接触自然和社会。走进自然和深入社会是养成儿童良好习惯的有效途径。大自然、大社会是知识的海洋，是活的教材、活的教师。

  （2）持之以恒，循序渐进。

  （3）注意"第一次"。人生的"第一次"很重要，儿童的种种坏习惯都是由于刚开始接触的时候，教师或父母没有留意去指导他们，以至于后来一误再误，成为第二天性。所以教育孩子时，一定要在第一次的时候教好，要不然孩子会习得很多坏习惯。

我的花儿开了

杨彬彬

与这群小天使初次见面，是在2015年三月份。那是我职业生涯的开端，我知道，我接下来的生活将与这群小天使有着不可割舍的联系，我的人生也与"教育"二字开始了千丝万缕的缱绻与眷恋。

后来我才发现，这群孩子不只是善良的天使，也是偶尔调皮捣蛋的"小恶魔"。他们中既有傲然绽放的花朵，也有静静待放的花骨朵。

会注意到他，最开始是因为他的名字和我大学同学的一模一样。还真是凑巧呢！接下来他让我的目光不得不一次次在他身上停驻——课堂上他总是异于其他小朋友，坐姿东倒西歪，不能认真听讲，有时候还说话，影响课堂纪律。于是课堂上他反复被我提醒就成了家常便饭。

一天早读，同学们都朝气蓬勃，教室里一片书声琅琅。突然，我发现他的嘴巴像被粘住了一般，完全没有朗读的迹象。于是我疾步走向他，生气地说道："你为什么不张嘴？"并让他站了起来。站起来后他才开始轻轻地动了动嘴巴，好吧，勉强也算是读了！

下课铃响了，我走出教室。他跟了出来，对我说道："杨老师，你个卑鄙小人！"什么？我的耳朵没问题吧？学生对我说"卑鄙小人"？！我惊呆了，大脑一片空白，一时间愣在那里，不知道怎么办才好。几秒钟之后，我强忍住内心的疑惑和愤怒，问他："你说什么？""我明明读了的，你还让我站起来。"孩子还小，我不跟他计较，跟我道个歉这事儿就算完了吧，可能他也不太知道"卑鄙小人"这四个字到底有多么大的杀伤力，尤其对于初出茅庐的我——一个敏感脆弱的女老师。在教育路上，我本就战战兢兢，在摸索着前进，这四个字无疑是一场"电闪雷鸣"。

"这四个字是能随便对老师说的吗？你应不应该道歉？"然而他却跟没有听见似的，自顾自地走开了。留我一个人在走廊上怔怔的，双腿犹如灌了铅般沉重！怎么办？我该怎么办？这意味着我已经得不到孩子们的尊

敬了吗?是因为我和他们太亲近了,所以他们才没大没小,不将我放在眼里吗?如果这个问题不解决,那在其他孩子面前,我颜面何存?我迷茫了,犹豫了。

思索再三,我决定将此事告诉他们的班主任黄老师。黄老师听后火冒三丈:"他怎么能对你说出这样的话?我等会儿去找他沟通,让他跟你道歉。"是啊,这时候我只能借助班主任的帮助了,但愿这孩子能认识到自己的错误。

课后,他来到了我的办公桌前,但却没有如我预期的那样向我道歉。他只是愣愣地站在我面前,一言不发。这又是为何呢?我百思不得其解。快要上课了,他还是没有开口。算了吧,看来他还是没有从心底真正地意识到自己的不对,我能有什么办法呢?我几乎决定放弃了,仍说:"那你就道歉啊,道了就走。"于是他用蚊子般的细微声音说了一句:"杨老师,对不起。"何必强人所难,我对自己也感到失望。可能在他眼里,我是一个失败的老师吧,我想。"你走吧。"我淡淡地说道。

带着满心的疑惑和自我怀疑,就这样又过了一天。我若无其事,假装什么都没有发生,像是在逃避什么似的。

第二天中午,他的爸爸居然来到学校,找到了我。他表情凝重,面露难色,满怀歉意地跟我说:"杨老师,实在对不起。孩子对您说出那样的话,作为父母的我们深表歉意,我们在家庭教育中也有不可推卸的责任,才使得孩子连最起码的尊重都没学会……"原来昨天班主任将此事与他进行了沟通。看着他真诚的眼神,听着他解释的话语,我如释重负,至少家长是很讲道理的!可能只是与孩子沟通和教育不够,这样的话孩子的举动就有些情有可原了。此时他将孩子叫过来,语重心长地教育道:老师为了学生的学习和成长付出了很多心血,作为学生要心怀感恩,学会尊重老师,不能出言不逊。孩子这时终于深深地意识到了自己的错误,交给了我一封信,说是昨晚上写的,并且非常真诚地又跟我道了歉,忍不住流下了悔恨的泪水……

孩子年龄太小,本质不坏,我有什么理由跟他计较呢?既然他有了不好的习惯,作为教育者,要做的是引导,而不能因为被伤害的对象是我,就选择放弃。于是我亲切地抚摸着他的头说:"没关系,知错能改就是好孩子,老师原谅你。以后咱们一起学习,一起进步,好吗?""嗯!"他抬头用泪光闪闪的眼睛望着我并且重重地点了点头。

此事告一段落,这位"小恶魔"开始慢慢向天使转变。上课时我都会特别关注他，期待着他哪怕一丁点儿的进步。只要看到他举起的小手，我都会微笑着，用期待的眼神迎接他的回答。即使他回答得不对、不好，我也会多多鼓励、多多表扬。慢慢地，他在课堂上越来越认真，越来越积极主动，他对我也有了越来越多的尊敬和喜爱。

每个孩子都是天使，都是花朵。我的天使降临了，我的花儿开了。

班级管理二三事

匡武来

班主任工作千头万绪，首先，班级管理就是一门大学问。我从教数年，不曾担任班主任，有些许的不敢，不是怕累，而是怕没有方法。2014年9月，学校让我担任一个班级的班主任。我也曾想过退却，但作为一名教师，没有担任过班主任工作，其教育生涯是不完整的，因而接受了这个任务。校长也专门开会鼓励我们说：气可鼓，不可泄，努力到无能为力，拼搏到感动自己。作为新人，亦唯有努力拼搏是尔。

接班之初，我了解了该班级的状况，对一些特别的学生也有了了解，并快速记住了这些孩子的姓名，当然这些都是老班主任给我的一些经验。我记孩子的姓名有些慢，老班主任教我一些方法，如在座位上置放座牌、在讲台上粘贴座次表等，但我想上课应该看着孩子的眼睛，叫出他们的名字，因而没有采用置放座牌的方法，也没有将座次表贴在讲台上，而是对着座次表熟记每个孩子的名字。我想我和孩子的信任大概是从微笑着喊出每个名字开始的吧！

融入孩子在校的学习生活，是拉近师生关系的重要手段。以前作为科任老师时，上完课就走，和学生交流少，学生对我的亲近当然也少。现在作为班主任，我知道和孩子不亲，孩子们就离我不近，班主任的威信就不高，所以课后，我都会留下，和孩子们聊学习、聊家常，参加他们的课后小游戏。对于几个爱下象棋的同学，我会不时指导他们下，有时也和他们杀上一两局，因而得了一个"大BOSS"的外号。每次他们下棋，我过去看，他们就嚷着"大BOSS来了"。经过一段时间的相处，孩子们周末学了新的舞蹈，课后会拉着我欣赏；我说累了，孩子们会给我捶捶背。我想这是真正融入孩子们的生活了吧！

爱是班级管理的灵魂，如何让孩子们快速地感受老师的爱，建立互信，我想得从一些特殊的孩子入手。我最先想到了小静，她很自我，也很孤独，全班的孩子都不喜欢她。我首先向孩子们了解了她的情况，原来，小静经常不做作业，爱打扮，老师批评她爱臭美不学习，同学们常以此嘲笑她。于是，她便心生嫉恨，和同学非打即闹，水火不容。我也向其家长了解了她的情况，父母离异，小时候常受到父亲的要挟，心灵深受创伤，缺乏安全感。知道了这些，我试着走近小静，多和她聊天，适时地表扬她，作业没完成我会和她一起找原因，共同补齐。一天早晨，小静到校挺早，我随口问她吃早饭了吗。她说早上妈妈煮的面不好吃，没怎么吃。我当即跑回食堂，给她买了两个包子和一个鸡蛋。从此，她和我真正亲近起来，什么都愿意跟我说，作业也有了很大进步，课堂上也爱举手、爱答问了。在班上，我也适时表扬她，其他孩子也开始带着欣赏的眼光和她相处。不厌弃每一个孩子，我的爱心种植于小静心里的同时，也种植于全班每个孩子的心底了吧！有教无类，不偏不倚，孩子们能感受到的。

言传身教是德育教育的重要手段，但现在对言传教育批评很多，认为教师"言"太多、"言"枯燥，为此我也受到过校长的批评。那是一个早上的朝会，校长巡视楼层，看到我在讲台上滔滔不绝地讲要求、讲纪律，看了良久，他没有当即说，也许是不好在学生面前驳我的威信吧。课后，他让原班主任找到我说，要把讲台还给学生。我没有执行，我想，若让孩子接受新班主任的一些新要求和规则，唐僧念经式的不停宣讲，广告重播式的入脑入心，或许不失为一个好办法。当孩子违纪违规后，我的第一问就是我讲过没有，第二问就是你做到没有。经过一个月的宣讲，我发现班级纪律明显好转，学生礼仪进步很大，"言传"与"身教"孰重孰轻、孰好孰坏，我想，无所定论，相时而用吧！

带班两年，收获颇多，饭后闲暇之时，和艺体老师聊起班级的情况，他们个个都称赞不已。孩子们文明有礼、乖巧懂事，班级纪律严明、风清气正，曾连续七周获评校"文明班集体"，后获评区"先进班集体"。最让我难忘的是第 31 个教师节时，清早，我一进教室，一幅书写着"祝班级全体教师节日快乐"的大红条幅挂在教室后面，家委会的家长带着孩子们早早到校，给班级每个老师送来了祝福。家委会主席还拉着我说，本想给学校也拉个大条幅，但怕太高调了惹议论。这让我受宠若惊，其实家长和孩子由信任老师、信任班级，到信任学校，便是我带班的最大收获与快乐。总之，努力了，便不会无能为力；拼搏了，不仅会感动自己，也会感动你身边的那一方小天地。

回首来时路，有些事情还是该落于笔端，于自己，算是一段美好的回忆，于他人，算作一点经验，以资来者吧！

教师的言行能改变学生的一生

唐晓梅

教师,从事的是很平凡的工作,但平凡中却蕴藏着伟大,是"天底下最光辉的事业"。22年的教师生涯让我感受到,真正能让学生终身受益的老师可以称得上是学生的"父"、学生的"母"。可见,教师的言行能改变学生的一生,下面就来讲讲我和学生之间发生的故事。

那是我毕业后第一次当班主任,我把所有愿望、所有教育梦想都寄托在这批学生身上,我对他们的情感犹如少女的初恋,执着而热烈。但是班上有个男孩经常让我束手无策,又经常让我心生怜悯。他叫兵兵,出生在一个畸形的家庭,爸爸智商不高,妈妈生下他后就离家出走了,整个家庭只能靠爸爸捡破烂勉强维持生活。他最大的恶习就是偷,偷钱、偷吃、偷学习用品,偷……对此,亲戚、邻居、同学都对他避而远之,他也经常衣着破烂,躲在角落里。当我知道他的这些恶习时,非常愤恨,为我有这样的坏学生而感到耻辱。班上的其他同学也对他很不满,谁的东西找不到了,都会把怀疑的眼光投向他。我找他谈话沟通,他就低头不语,什么都不说。我感到无从下手,心情很沮丧,满满的挫败感。当有一次他偷了他奶奶的50元钱,被奶奶举报到我这里来时,我开始寻找改变他的突破口,决定放弃一味的说教,不能只听片面之词,不能让这个孩子的坏习惯再滋生下去,不能看着他偏离正轨越走越远。我要救救他,找到根源来帮助他。于是我去他家进行了家访。到了他的家,我的心凉透了,这哪里是家啊?分明是个窝棚,算得上这附近最破烂的房子了。厨房里的锅已经生锈了,几天没煮饭了,因为母亲生下他以后就离家出走了,父亲也经常流浪在外,他就好似一个孤儿。看了眼前的一切,我明白了所有的缘由。我对他的奶奶、婶婶语重心长地说:"孩子确实有坏习惯,但是他的生活也太不容易了,他的同龄人都在父母的怀抱里撒娇,而他却一日三餐难保证,你们是他最亲最近的人,要多关心他、爱护他,以后我也会成为你们中的一员,一起来帮助他。"在离开他家回学校的路上,我暗暗下了决心:一定要尽我所能,帮助他改掉坏习惯，让他以后能成为社会中遵纪守法的合格公民，让他能从我这里体会到点滴母爱。后来，我向学校反映了此事，学校决定把他列为帮扶对象，实行了费用减免。我在班上公开了他家的实际情况，他不但没有惹来大家的冷眼，反而博得同学们的理解和同情，同学们自发地捐鞋子、捐衣物、捐钱，为他买了书包、文具，还买了冬季盖的被子。当他收到同学们的礼物时，难掩激动之情，因为他孤独无助的心有了港湾，他无法向大家倾诉的苦衷得到了大家的理解和同情。他不再需要隐藏，不再需要躲避，不再需要沉闷。他如释重负般号啕大哭，我抱着他，让他尽情地哭，尽情地释放。那天我和他约定，每个月我会放100元钱在约定的地方，如果当月他各方面表现不错，他就在月底自己去拿，如果当月有违规违纪的情况就不拿。我用这种约定来约束他、鼓励他、鞭策他，结果他没有让我失望，从来没有擅自花费那笔钱，我们的这个约定一直持续到他小学毕业。后来由于政府的介入，他家生活越过越好，听同学说，他以后再也没有犯过坏毛病了。他的变化很大，由曾经的一个9岁小男孩变成了现在时尚的发型师，不管怎么变，不变的是每年的教师节，他都会给我送上祝福；每年的新年，他会短信汇报新年的计划，我会适时点拨指正。2015年收到他发来的婚纱照，看到他幸福的笑容，我感到由衷的欣慰，欣慰我挽救了一个曾经迷失方向的孩子，欣慰我作为教师能用我朴实的言行改变学生的人生方向，欣慰我为师如为母的情怀。

　　教师做的事、说的话，犹如春风中的细雨——润物细无声，可就是这细细的、慢慢的、能起润物之功效的教育决定学生一生的命运。我决定在以后的教学工作中更加有效地发挥这一作用。

用爱编织和谐

吴 燕

我以前班上有个学生小钟，从一年级开始，他就表现出了不同寻常的一面：不善与人交流，不讲个人卫生，随地吐痰，和同学没办法和谐相处，特别喜欢用暴力解决问题，遇到问题，小则恶语相向，大则大打出手。当我接手这个班时，孩子已经上四年级了。在与同学的一次矛盾后，他语出惊人："有仇不报非君子""先下手为强"……此时，我觉得逃避不是办法，必须正视现实。我心一横：我不改变你，誓不罢休！

为了有针对性地开展工作，我决定先到他家去家访，进行详细了解，然后再找对策。第一次，见到的是他奶奶，他没在家，出去玩了，作业还没写。和他奶奶交流了一会儿，我知道他父母离异，母亲转嫁他人，从不过问他的学习生活，父亲忙于工作，基本处于无暇顾及他的状态。孩子就一直和奶奶生活……

在家访回去的路上，我内心久久不能平静，像打翻了的五味瓶！我不能只是哀其不幸，怒其不争。于是，转化他的行动在悄然进行。

我首先召开了关于"感恩"的主题班会，利用多媒体让同学们观看生活中感恩的人：受资助回报社会的学子，成才后感恩老师的孩子，父母生病不离病床的孝子，等等，然后就这一话题，语重心长地讲述了我自己的父母从小养大我，又供我上学，到我有了理想的工作，他们付出了太多太多，得到的却是头发白了、皱纹多了、腰背驼了，但是他们却很开心，因为我没有让他们失望，没有让他们的心血白费，所以我必须好好孝敬我的父母，要不天理不容。班会后让学生写品德反思，写自己的心里话。小钟写了，但对于父亲的感受轻描淡写，对于母亲只字未提。想想这也在情理之中，万事开头难，主题班会的教育效果不会那么明显，"革命尚未成功，同志仍需努力"啊！

接着我找到他，想和他谈话，但是孩子很排斥，从头到尾都是"嗯，啊，哦"，完全不愿意和我正常交流。在表示了关心以后，我只好作罢。

正当我犯难的时候，事情却发生了转机。一次体育课，他和同学因为争抢乒乓球台，发生了肢体冲突，双方都受了点轻伤，班干部把他们带到我面前时，一直在强调是小钟的错。看着他略带愤怒的表情，我摸了摸他受伤的手臂，关切地问道："一定很疼吧？"他没有说话，但是我却看到了他渐渐湿润的眼眶。随后我带着他们去了医务室，做了简单的消毒处理，并电话告知了双方家长。我并没有马上处理他们这次的矛盾，也不急于找到挑事的人，而是让他们回去各自写一下对于这次事件的感受，而我也从另一个孩子口中得知了事情的始末。

第二天他写了纸条，交给我时还挺委屈。他将事件的原本叙述了出来。他先在那儿打乒乓球，那个孩子仗着人多，非要让他走开……这次我看到了希望，因为他哭了（以前从未掉过眼泪）。我顺势抓住这次难得的机会，和他交流，给予他信心，鼓励他，教他首先学会做人，特别是要学会心疼父母、体贴奶奶，在学校遵守纪律、踏实学习，和同学友好相处，遇着问题要冷静，和平解决……

后来我会经常抽时间关心他的近况，了解他的困难和需求，给予他帮助，孩子也愿意与人交流了，逐渐有老师反应他在进步，同学们关于他的反馈也变好了，他的成绩比以前也有了很大的进步。我无比高兴，想着这个孩子是自己亲手挽救回来的，我第一次感受到了做教师的成就感，更加坚定了要做班主任的决心。

一年后，我离开了那所学校，临走时，所有孩子都来送我，表达着他们的不舍，唯独他没有来。我有点不解，也有点难受。可是再后来，和一位孩子在 QQ 上交流时，知道了他其实是很舍不得我的，他并不是没来，而是站得老远，看着我，那一次，他哭了……我感到很欣慰。

从事班主任工作已经五年了，我一直在琢磨班级管理的捷径。殊不知"十年树木，百年育人"，教育没有捷径。只有用心做教育，用爱心、恒心、关心去爱护每个孩子，去尊重他们，我相信就一定能够托起明天的希望。

只要有爱,"小别离"又如何?

何丽君

第一次记住他,是我上班的第一年,也是在他五年级下期的时候,当时作为新教师的我,总想着新接的班级,在最初的教学中一定要镇住学生,就算学生犯一点小错,也要杀鸡儆猴,尽快树立自己在班里的威严。而他就是第一个被我收拾的学生,而且是第一个每节课都被我收拾的男生,所以他成了班上我第一个记住的孩子。后来机缘巧合,在我上班的第二年,我当了六年级一班的班主任,而他被分到了我们班,一直到现在他都还在我班上。去年六年级一整个学年,学生给我告状最多的是他,老师抱怨最多的是他,请家长次数最多的还是他,我第一次在学生面前失控是因为他,家长无理由跑到学校德育处来说东说西也是因为他。然而短短一年过去了,现在作为七年级孩子的他,却是被我表扬最多的,他的家长也是被我在家长会上表扬最多的,目前还在我们班担任主要班干部,并获得了大家的高度认可。连我自己都很惊讶于他翻天覆地的变化,但当我细细想来,究其原因,或许还是有可资借鉴、反思的地方吧。

当我第一次因为他太调皮而去了解他时,我只知道他是一个单亲家庭的孩子,父母离婚,目前跟着爸爸和爷爷奶奶一起生活,妈妈从来没来过学校,所以对于她知道的并不多。了解了这个情况,我也就知道他为什么养成经常都是脏兮兮的、衣服上面经常有油渍、吃了饭不擦嘴巴等一系列的坏习惯。或许女人天生就有一种母爱吧,当我知道他没有妈妈的时候,作为他的班主任,我便不再觉得他很讨厌,反而想给他更多的关注,给他更多的爱。于是我经常主动和他聊天,还鼓励他当班上的劳动委员,我想让他利用放学的时间,去督促其他同学认真打扫教室,在此过程中去培养他的责任心,同时让大家看到他在为班级做事情,慢慢认可他、喜欢他,也让他利用此过程慢慢静心,改掉上课爱说话的毛病。然而事与愿违,当了劳动委员后,天天有同学告他不负责任,他不仅不督促大家扫地,反而和其他男生在教室里面嬉戏打闹,严重影响大家扫地,以至于在班委测评中没有一个人觉得他能继续胜任班委工作。针对这个情况，我不停地找他谈话，请家长，却发现他的家长也很不给力，根本请不动，五次家长会爸爸只来了一次而且还中途走了，每次给他说娃娃的情况，他都说知道了，然而没有采取有效措施，孩子也未见任何改进。他爸爸脾气暴躁，有时甚至打孩子，所以慢慢地，遇到事情，我怕孩子回家挨打，也就不给家长说了，想靠自己慢慢感化他。犯错、被批评，这种模式在接下来的六年级里一直持续，直到有一天他因为我的一句话立马掉下了看似委屈的泪水。

  还记得那是六年级上学期的班级秋游活动，他在车上竟然把裤子脱了拉屎，拉到一个塑料袋里面，导致全车的同学都离开了座位。更让我气愤的是，面对同学们的指责，他竟然笑嘻嘻的，似乎没觉得自己有错，反而有一种"成就感"。我当时气惨了，非常严肃地批评了他，我清楚地记得我说了："你现在没有妈妈，难道小时候你妈妈没教过你想上厕所需要提前打报告吗？"就是这一句话让他瞬间由一副无所谓的样子变成了一个似乎受了很大委屈的孩子，眼泪簌簌地往下掉。我突然间好像明白了什么，原来妈妈是他心中的港湾，即使现在妈妈没和他在一起，他内心依然很想要妈妈，很爱妈妈，他只是一个没有妈妈的脆弱的小男孩。看到他这样，我就顺势问了一些关于他妈妈的问题，想探探他的口风。我问："你爱妈妈吗？""爱。""现在多久和妈妈见一次面呢？""她有时候忙，很久都不来看我。""你想和妈妈生活在一起吗？""想。"刹那间，我明白了，这个孩子绝对可以改变，关键在于他的妈妈。于是，我去德育工作手册上翻家长联系电话，却发现两年来他妈妈从来没有参加过家长会，我马上去问他的上一任班主任，也是一无所获。

  直到六年级上期的期中家长会，开完过后有一个漂亮的女人一直在门外等我，然后告诉我她就是那个男孩的妈妈。

  那一次我们聊了很久很久，对于她的家庭，我也了解得八九不离十了。正因为结婚后她越来越觉得这个男人、这个家庭不是她期望的那样，所以她选择了离开。但因为对方家庭过于强势，她没有争取到孩子的抚养权，平时对方家庭也有意无意地在剥夺她关心孩子的机会，但她内心一直很爱孩子，也觉得非常亏欠孩子。我没有问她为什么这一次争取到了来开家长会的机会，但至少这一次见面是一个很好的开始，虽然我把孩子种种不好的表现都说给她听了，但是我更知道以后该怎么样去帮助这个孩子了。当天她留了我的联系方式，还加了我的QQ，那天晚上我看她更新了一条说说："心痛得无法呼吸，怎么会变成这样，必须改变！！！"或许其他人不知道她在说什么，但是我很清楚，她是在说她的儿子，她记忆中小时候那个听话懂事乖巧聪明的儿子。

  从她来开家长会以后，我也顺势和孩子谈了几次心，主打感情牌。慢慢地我发现他越来越乖，作业好多了，习惯好多了，上课说话也少了。有一天我问他最近怎么变化这么大，他竟然有点害羞却又很幸福地告诉我："我妈妈每周都会来看我，带我出去玩，她让我表现乖一些，我每周都会给她讲学校的事情。"而他妈妈确实也是隔三差五地问我他的情况。据我所知，这次她似乎下了很大的决心，甚至连现在她自己的个人问题都暂时抛到一边了。随着时间的推移，一年多过去了，孩子现在仍然在我的班上，已经是初一的孩子了，他以前的坏习惯再也不见了，而且每次作业都由他的那位之前在我心中被定义为"不靠谱的老爸"签字，真的是每天都在坚持，也正是因为他的坚持，现在孩子重新当上了劳动委员，并在每周的班委测评中得到了大家高度的认可。我永远都忘不了第一次全班给他热烈的掌声时，他那快哭了的表情以及那份坚定的神情。前几天他给我带了一块蛋糕，他说是他妈妈让他带给我的，说他12岁了，希望我能分享她的喜悦。那一刻，我觉得很幸福，有一种成就感油然而生。我很肯定也很有自信，这个孩子会越来越好，越来越开朗，越来越会做人，因为经历了前几年的"小别离"，现在的他又真正拥有了爸爸妈妈的爱，即使是分开的爱，也足够让他拥有快乐成长的源泉。

  这个孩子的巨大转变，让刚上班两年的我很有成就感，也更加坚定了我当好一个班主任的信心和决心。我也坚信，接下来的三年初中时光里，我会带着他走向更美好的未来，遇见更好的他和我自己。

给小 S 同学的一封信

宋美玲

小 S 同学：

　　你好！

　　其实很早就想和你交流交流，一来是家庭和个人原因让我应接不暇，另一方面我觉得当面会因为时间仓促而不能够更好地交谈。今天，我觉得不能再这样下去，也许是不想愧疚，毕竟你叫了我一声"宋老"！也许是我想尽早把这个问题解决了，因为我不喜欢拖延。

　　我记得在开学不久的某个中午，我让你训练过几道题，这几道题你能够顺利解决，就算有难度，我刚一开口你便恍然大悟，那时候我对你信心十足，觉得你思维如此敏捷，我便对你母亲夸下海口：小 S 的学习不是问题，我肯定能够帮他解决，今天用书信交流，我依然坚信这一点。

　　我时常能关注到你的表情，那不是浮躁，而是想学但不知道如何学的一种焦虑。你对学习有一种渴望，可是对如何转化为行动又显得力不从心，这究竟是为什么？我也在思考。还记得那天之后的第二天吗？我发现我给你讲了之后，你的作业上仍有大面积空白。我认为大多数学习落后的同学都有这个特点。

　　你是很关注自己的学习的，对于周考你会在乎，对于月考你会更在乎，考得好你会有压力，害怕下一次考不好；考得不好你会失落，怀疑自己能不能变好。作为老师，在过去几年中我也曾有过类似的心境，直到今天，我认为我是明白了，只有我踏踏实实过好每一天，改变从自己开始，我想我的班级终会慢慢地前进。我认为我做得很认真，我对我的工作心存敬畏，也许有累的时候，我发誓我不会疲惫。在学生时代，我也经历过你现在的阶段，只是那时候我遇到了好的老师，今天所倡导的理论当年他就在应用，很快我就度过了。那时候我才体会到方法原来如此重要，老师毕竟是经历了学生时代、了解学生然后教学生，自然他的话有相当的可信度。所以，在学校里，在没有更好的办法之前就是听从老师，如果想出乎其外超越老师，必先入乎其内。

我也不知道今天的学习究竟会给明天带来什么，但是每个人都应该有自己的使命，最起码有自己的尊严。当你能够完成你的任务甚至有更高追求，那自然有尊严，自然会得到同学尊重，不需要说什么，你的行动宣告你的尊严！

那么，一个人究竟怎样度过每一天才算是有意义呢？我世俗地认为，只要快乐就行。看看我们周围，哪些人更快乐，哪些人的烦恼更少，麻烦更少？我认为是那些充实的人，他们的生活可能会少一些低级趣味，会少一些放纵，会把自己沉浸在学业中而无暇顾及其他，看起来枯燥无味。可是，我们究竟有几个人能体会到他们的内心。如果我们没有按时完成任务，老师会是我们的麻烦，同时，如果自己长时间没有实质性长进而选择拖延来消磨时间，或者通过玩耍来度过，体会到的是空虚，感受到的是堕落。所以，文章《工作即修行》中提到，做好自己的本职工作，让自己沉浸其中本身就是一种修行。我人生中转变最大的一次就是在初三，那时候突然觉得该学习了，有一天通过努力发现我居然可以解决那么难的一道题，也许是老天眷顾我的努力吧，第一次化学考试几乎满分，那种兴奋使我难以忘怀。我可以不关注别人做什么，别人做什么都无法影响我的学习，同时我发现我每天只睡五六个小时居然不觉得困，努力学习能让我更充实，也能让我看得更远。

如果我努力了，可是看不到效果怎么办？也许你会这么问。首先，任何量变到质变都需要时间，要么是时间不够长，要么是努力还不够，还没有努力到幸运女神眷顾你的时候。其次，何必盯着结果看，过程和结果同样重要，过程促成结果，结果可以帮助我们优化过程。失败是成功之母，因为失败可以总结教训，成功更是成功之母，因为成功可以提供经验，也可以提供优化的途径。

何必在乎别人的看法？太在乎别人的看法，其实就是不自信。不自信是因为看得不远。从成绩来看，你就在离分数线三四十分的地方。你也知道，这些分数单靠自己细心就可以完全解决甚至做得更好。但是细心就那么好解决吗？能力最重要的就是稳定的注意力，需要我们专注比较长的时间，需要我们专注地对待学习，这样，心态、底气、能力都会随之提升，至于分数，那就更简单了。

因为我想更好地跟你谈谈，所以我没有手写，因为改来改去只有那么麻烦了，所以每个字都是我的"二指打字法"敲出来的。我相信善良，我选择善良，我相信善良的你有光明的未来，但不管是你还是我，都得靠自身的努力去修行，让自己的生活更丰富更有意义。

宋　老
2015 年 10 月 22 日

人生的起点，有你同行

崔洪润

　　人生就像一条奔流的河水，总是不停地涌向远方，恍惚之间，发现自己已经站上了人生的又一个起点。还记得一年前，我还是大学校园里的青葱学子，而此时的我已然成为一名初出茅庐的老师。当我回望这一段工作经历，这一年有那些可爱孩子的陪伴，时间好像加快了脚步。我很庆幸在我人生的又一个起点能有你们的陪伴，这让我的人生更加精彩。

　　还记得去年今天，那时我刚刚踏进这个校园，我用好奇的目光来打探周边的一切，不论在校门口还是在楼层的过道里。当听到孩子们用清脆整齐响亮的嗓音说"老师好"，心里那一刻就如被清新的泉水叮咚叮咚地敲着，我感到了自己神圣的责任，还有从事这份职业的自豪和幸福。也就是从那一天起，我和他们的故事拉开了序幕。

　　那天，作为一名新的化学老师，我走进教室，第一眼看到的是一群天真可爱的孩子，给我的感觉是他们的世界纯洁得像一张白纸，一双双懵懂而又充满渴望与好奇的眼睛里，流露出对于我的好奇，那一刻我的心情是紧张的。我说了一句："同学们好。"顿时教室里响起了热烈的掌声。我的眼里也泛起了泪花。这时候值日生站起来了，说："静息，坐直，站直，向老师问好。"同学们齐呼："老师，您好。"我望着他们，深深地鞠躬："同学们好，请坐。"我的第一堂课从此开始了，那一刻我最想做的事就是知道每一位同学的名字，记住他们每一个人的面孔。那种感觉是迫不及待的，因为我爱这份职业，我爱这群孩子。

　　教师的爱是一种"捧着一颗心来，不带半根草去"的无私的爱。渐渐地，班上的每一个同学都成了我的牵挂。由于他们现在是毕业班，每个人都面临着升学的压力，每一天的学习都很辛苦，但是毕竟不是每一个同学的学业成绩都很好，他们中有一些人很有天分，有一些人后天很努力，然而不管怎样，他们都有一个共同的梦想，希望自己能够站在人生的又一个起点上，继续演绎自己完美的人生，以至于有时候我真的很想用尽我的洪荒之力去帮助他们。每次考试过后总有那么几个同学最让我放心不下，但是，让我欣慰的是他们那种乐观积极的态度感染了我。我想我能够做的不仅仅是传授他们知识，更重要的是建构他们的世界观和人生观。

心中应时刻有一份责任感，而这份责任感，我认为就是作为一名人民教师最为基本的素质，并且要始终践行于实际工作中。责任心，是一种态度，只有对教学工作心怀强烈的责任感，才能以最好的状态完成教学任务。责任心，也是一种能力，教学有能力高低之分，但是只要心中有这份责任在，尽职尽责才能尽善尽美。

时间一天天在流逝，和孩子们相处的时间也进入了倒计时。这是他们最后一年在这个学校学习，很多同学从小学开始就进入这个学校，他们把最美好的儿时回忆都留在了这里。而在最后一年里，他们还要把所有的精力都用到这最后的冲刺阶段。我很幸运能够陪伴他们走完这一段路，在这一年里，一切为了学生，为了一切学生，当然也为了学生的一切。我不指望能培养出多少"牛顿"和"爱迪生"，但也绝不能让"牛顿"和"爱迪生"在我们的手中埋没。"师者，所以传道、授业、解惑也。"他们很活跃，个性很张扬。我知道凡事起始于辛劳，收结于平淡，这是教育工作者的人生写照。有学生的陪伴，平凡的道路上也演绎着伟大。我既然选择了教师这个职业，就会无怨无悔，因为这里有我的追求，这里有我的爱，让我们守护着那方"黑土地"，用三寸"白桦犁"耕耘岁月，让我们的青春在爱的奉献中闪光。

很想抓住时间的尾巴，一年的相处让我们彼此了解、信任，还留下了美好的回忆。也许人生也需要这样的回忆，才能走得更轻快，前方的路因为有你和我而更加光明。

让爱从心底开花

谢杜娟

跨进滨河校门的那一刻起,我便明白"老师"这个职业是神圣而艰巨的。从未当过班主任的我,在一年级,遇到小A同学,才深刻体会到"老师是园丁,学生是花朵"这句话的真实含义。

"上课铃声响了,请同学们快快回到教室上课……"随着铃声的结束,我迈着激动而紧张的步伐进入教室。激动的是我会和50多位孩子相处一年或者几年的时间,这是一件多么美好的事情!紧张的是这么多的小孩子,我能管好吗?

带着满心的疑惑,放眼望去,51双亮晶晶的眼睛看着我,感觉心都要被融化了。简单地自我介绍:"我姓谢,叫我谢老师就好了……"孩子们齐刷刷地答道:"谢老师好!"说实话,我的内心是有些小窃喜的。

为了更好地认识孩子,便让孩子上台自我介绍。一个个害羞而又可爱的面孔出现在讲台上。但轮到小A同学时,无论我怎么叫她都不上来,也只会对我发出"啊,哦……"之类的声音。我不明所以,有同学告诉我:"老师,小A不会说话的。"我惊讶极了,看着外表与同龄孩子无异而可爱的小A,内心是痛苦的,想尽自己的力量去帮助她。

迫切地和小A的家长联系,才知道孩子从小生过一场病,语言能力和动作能力有一定损伤。家长说着说着眼睛便泛了红,我的内心也五味杂陈。与家长商量好,一起帮助小A,让孩子开口说话。

事情远没有想象中那样简单,一波三折。小A内心非常敏感,别人声音稍微大点都会吓着她。她因为害怕而发抖的样子一直浮现在我眼前。

记得那是开学第一周星期四,她迟到了。迟到的学生必须在教室门口喊报告才能进来,小A到门口却直接进来了。眼尖的学生便说:"小A,要说报告。"突如其来的声音把小A吓了一跳,她害怕得不知所措。我便招手让她进来,抚摸着她的头,告诉她:"不要害怕,乖。"渐渐地,她平静了下来。借此机会,我向孩子们讲述了小A的情况,希望孩子们多多帮助小

A，并让之前在幼儿园是小A同学的一个孩子照顾小A。慢慢地，小A发抖害怕的情况减少了，偶尔也会看见她脸上绽放同龄孩子般天真的笑容，我的心里也舒坦了许多。

第四周的一天，班上孩子找到我说："谢老师！小A身上好臭。"闻声我便赶到教室，发现小A独自一个人站在教室门口，嘴巴咬着食指，眼角泛着泪花，满眼委屈地盯着我。凑近一看，只见她身上有几处黄黄的地方，一闻身上臭臭的，顿时明白了，小A拉肚子了。为了安定她的情绪，我轻轻拉她回到座位，给她妈妈打了电话，便陪着她，告诉她："不要哭，妈妈马上来，没事的。"她似懂非懂地点了点头。我的心里难过而欣慰，难过的是孩子的无辜和可怜，欣慰的是孩子的听话和坚强。后来我也告诉孩子，上厕所自己去，不用告诉老师，也和其他的科任老师说明了情况。之后，小A这方面好了许多。上课时，当我看见她起身时，便问："小A，你要上厕所是不？"她都会对我点点头，我也渐渐放心了。

时间总是过得很快，小A排队打饭吃饭的问题却让我焦急。她吃饭慢，也不知道吃完要去倒掉饭渣。我便带着她，教她如何排队，如何打饭，如何倒渣，也让挨着的一位女生带着她打饭。同时告诉打饭的阿姨，给小A不要打太多，帮助小A倒一下饭渣子。从一开始吃得饭菜都冷了，到后面打饭的阿姨惊讶地说："今天小A能干，吃饭吃得好。"我知道，该放手了，小A可以做好了。我欣慰地牵着小A，摸摸她的头，看来一切皆有可能。

正当我对小A的表现日渐高兴时，第七周的星期四，她又让我揪心了一把。这一天举行低年级的"少先队员入队仪式"，全班一起到体育馆参加活动。正看得起劲，几个学生大声叫道："谢老师，小A尿裤子了。""啊？"我内心一紧，想起小A不知道体育馆厕所在哪，忙拉过小A。看着她号啕大哭的样子，我好自责。小声安慰后，我忙打电话让家长来给小A换裤子。后来才发现小A并没有尿裤子，而是在经过食堂旁边的楼梯时，不小心在有水的地方摔了一跤，把衣服打湿了。恍然大悟的我，恨不得抽自己几巴掌，我为什么没有牵着小A上楼梯？带着歉意，只能让家长带孩子回家多多鼓励，平复小A受伤的心。

时间证明，世上没有不良的孩子，只有不幸的孩子。小A是不幸的。但想让她内心开出花朵的我和其他老师及家长，经过一段时间的努力，现在的小A有了巨大的变化：进教室时会用手做报告的姿势；要上厕所时会慢慢地举起她小小的手；吃饭时会好好地把饭吃完并自己去倒掉饭渣；会对老师说"拜拜"；甚至我还看见她和别的小朋友玩耍，听见她发出欢快的

笑声……一点一点的变化，让我感动，感动小A带给我这样的惊喜。虽然她的说话能力依然不太好，但我相信，用爱，能让心底开出美丽的花朵。

小A，老师期待你的转变，也相信你会转变，你将会是万花丛中最别致的一朵。

孩子，你慢慢来

张景垚

因为把以前的五班合并了，所以这学期我们班来了几位老面孔的新同学。为什么说是老面孔？因为以前这几位常常是五班班主任办公室有请，打过照面，其中就有主人公大S。这个可不是貌美如花的明星大S，之所以用大，是因为才8岁的他已经快有我高了，又高又壮。还记得第一次接触这个娃娃的时候，他还是一年级学生，不在我的班上。他课间和其他小朋友打闹，被我楼层值日发现，问其班级的时候，旁边的小朋友说他是三年级的。就他这个块头，不知道的肯定是信以为真。但是我早就知道他，毕竟是办公室的常客，于是被我进行了说服教育。当时就把他定位在了捣蛋鬼之列。

大S还有一个不同于其他小朋友的地方，他的左手是先天性残疾，没有手指。他被分到我们班上，我还是头痛了，一方面要想着怎么帮他改掉一身的坏毛病，另一方面又要照顾他的情绪，不希望他被其他小朋友孤立。这开学的第一个月他果真没有辜负我对他的"期望"，每天地上到处都是垃圾，每节课桌子椅子都是斜的，早上迟到，上早读忘带"日有所诵"，做操不带足球、快板，上课不听讲搞小动作，下课到处乱跑串楼层被德育处抓住，午睡不安分，眼保健操也不认真做……感觉凡是能想到的不好的行为习惯，他就一定会榜上有名。这怎么可以，岂不是给其他小朋友带了不好的头？必须让他把一年级时的坏毛病改掉。说到帮助他改正这些毛病，我还真算得上是使尽浑身解数，跟他也是大战三百回合，每天斗智斗勇，但是效果甚微。后来也请家长来长谈过一次，主要是了解了解家庭情况，和他妈妈沟通了一些教育方法，同时也希望家长能配合学校的工作。毕竟新班级新学期有新的要求，也希望小朋友能尽快融入到这个班级当中。有了家长的配合，算是稍有起色，但还是不尽如人意。直到有一天大S带了手机来学校玩，在放学的时候被其他小朋友发现告状，当场就哭成了泪人，这还是开学那么久以来第一次看见他掉眼泪。我想这是一个好机会，于是

把他留了下来。他好像知道了事情的严重性，一个劲地保证没有下次了。我没有马上原谅他，而是先给他讲了一则狼来了的故事，他听得很认真。然后我问他："每次你都给老师保证没有下一次了，我也每次都相信你了，但是每次老师都像故事里的村民一样失望而归，你说老师这次还能相信你吗？你总要想点办法让我再相信你吧？"我告诉他小男子汉说到就要做到，要做一个言而有信的人。我得让他明白信任是自己建立起来的，靠的是行动而不是嘴巴上说说而已，机会也不是随时都有的。他思考了很久，后来和我约法三章：① 保持座位干净，桌子整齐；② 下课不追逐打闹；③ 上课认真听讲。那就再相信他一次吧，先从这三件小事做起。

新的一个星期开始了，我偷偷观察他，也私下向其他老师了解他的情况，竟然发现他果真努力去做到他向我保证的。我也抓住机会表扬他，他就变得更加认真，上课也开始积极发言参与到课堂当中去了。

这个孩子坏习惯一大堆，但是也有很多优点：乐于助人，喜欢劳动，喜欢帮老师做事，哪怕在他手不方便的情况下也从来没有说过一句怨言，搬校服、搬书、搬水果总是第一个帮忙的，也不记仇，笑起来憨厚可爱。为了鼓励他，我把教室图书管理的任务交给了他，一来他确实身高有优势，二来我希望他能更加严格要求自己，能在管理的过程中养成有序整理图书和看书的好习惯。果不其然，通过这几天的观察，他把这件事做得很好，下课会帮个子小的同学拿高处的书，课余时候还会主动过去整理书架，把它们都摆放整齐。这样他不仅不再出去乱跑捣乱，还学会了做事有序，一举两得。

果真优秀的小朋友都是在赞扬中和信任中长大的，作为老师，不要吝啬你的赞美，多发现他们的优点，多放手让他们去做并且相信他们能够做好，或许会让你得到意想不到的结果。大S也不是说现在就没有坏习惯了，但是他成长的路还很长，只要他愿意付出行动，我愿意陪着他，哪怕慢一点也没有关系。

静静等待，花会开

李 伦

2016年3月，由于学校工作的需要以及领导的信任，我由副班主任转变成了班主任，接手一个全新的班集体。在工作中我也像其他新班主任那样，遇到了很多问题与困惑。从班规的制定到卫生的打扫、从学生安全到课堂质量，每件事情看似简单，但又都凝聚了班主任们的精力与智慧。终于在担任班主任后的第二周，通过平时在课堂内外的观察、和科任老师的交流以及每周各大组的评价总结，我已能喊出全班同学们的姓名，并能说出孩子们的性格特征。这时我开始有了重点关注的对象——小A。

小A是一名女生，个子不算高，每天穿的衣服上都有污渍，穿的鞋子不是没有鞋带就是大许多，两只稚嫩的小手上老是沾满墨水。如果安安静静地坐在教室听讲算是乖孩子的话，那她也应该属于乖孩子中的一员。但是从各科老师交流反馈的情况来看，她基本不做家庭作业，有时甚至连上课的课本都不带，更不用说预习和复习了。在语文及数学老师的提醒和教育下，仍然看不到她有任何改变，即使是在课堂上做的作业也是一塌糊涂。老师们和小A家长交流后也没什么效果。家长总是说很忙，或者说我们也是这样要求她的，但她就是不听。可见作为父母，在教育孩子方面还没有找到很好的方法。但在英语课上，小A的表现还不错，在第一周内，班上有五名学生到我这里读课文，其中一位就是她。我想这说明孩子本身应该对学习还是很有兴趣的，可能是某些方面的原因才导致现在的情况。于是，我决定再试试其他的办法，当然还是要靠家长，通过家校合力，来改变小A的情况。

一天朝会课上，当我讲到我们要自信，因为我们每个同学身上都有闪光点时，一名学生竟然情不自禁地脱口而出："老师，我有闪光点吗？"我听了这小声又带着不自信的发问，心里感到诧异，带着疑问看向全班才找到声音的主人，原来是小A。这时她的眼神充满期盼，脸上露出疑惑。望着她一脸的期待，我马上说："你身上怎么会没有闪亮之处呢？你热爱劳动，

又喜欢当老师的小助手。"当我表扬她时，不少学生马上举手反对，纷纷指出她的缺点，还列举了许多事例说明。可见在孩子们的心中对于小A的评价并不好。但我依然为她证明，她有她自己的闪光点。因为我从她的眼神里看出了期盼，也想在同学们面前证明一下自己。我想我愿意去给她这次机会，于是，我说："上周二，我们班大扫除的时候，我看见小A是擦桌椅数量最多且最干净的。而且上次的课文，全班只有5个人到我这里读了，其中就有她，可见，她还是想上进的孩子。尽管她做过不好的事，但只要她诚心改过，依然值得大家的信赖。"学生们被我的话打动了，没有再站起来反驳，这时小A低下了头，似乎在反思，似乎在为以前所做的事感到惭愧。那时她的表情是你在和她谈心、批评她时想看到却没有的。我想能在同伴面前得到肯定，这样的表扬力量是巨大的吧！

下课回到办公室，我也在反思：小A是一个学习成绩比较差的孩子，本身很聪明，但学习和生活习惯都不好，分数经常在及格边缘，有时一不小心会滑向不及格。我知道她经常受到同学的嘲笑，大家也不愿意和她交朋友，因此她的心理是自卑的。由此想到：一个总是低着头、弯着腰走路的孩子，她的骨骼必然会变得弯曲；同样，一个自卑的孩子，在人前人后抬不起头来，她的心灵也必然会出现不同程度的扭曲。孩子，需要昂起头来走路，需要昂起头来做人，这是多么重要！在我的肯定与鼓励下，慢慢地我发现她有了改变。

在以后的各学科课上，我都会在教室后悄悄地观察她以及她的变化。我欣喜地发现她慢慢开始举手发言了，尽管她所答的问题很浅显、很简单，尽管她的答案在其他学生眼里不值一提，但她能站起来主动发言了，这对于她来说已经是很大的进步了，可见她的心理开始拥有了阳光，虽然只是斑斑点点的阳光，但我相信，从今以后，她不再是低头弯腰的孩子，一定是个抬头挺胸、坚强而快乐的孩子！但我们不能到这里就结束了对于一个学生的跟踪、管理，我们还要去关注她的家庭。

基于上述考虑，我决定再和孩子的家长见上一面。从家长和我的交流中，我感受到他们对于我的信任，因为他们同样看到了孩子的改变。我说小A还会变得更好，但需要我们家长的配合。因此，在对孩子作业的监管、课外阅读以及习惯的养成方面，我们进行了交流，达成了共识：看到孩子的变化，我们一定要表扬，同样也要给她充足的时间。

一名教师，不一定有能力点燃火种，但绝不能熄灭火种！面对眼中充满好奇和天真的孩子们，要珍惜呵护，更要努力让每一个孩子的心中都充满阳光,让每一个孩子在爱的抚慰下快乐成长。孩子就是一朵朵美丽的花,只有我们用爱和耐心去滋润,每一朵花都会在各自的花期绽放。让我们静静等待花开!

宽待他们的"慢慢"成长

李美蓉

泰戈尔在诗中写道:"花的事业是甜蜜的,果的事业是珍贵的,让我干叶的事业吧,因为它总是谦逊地低垂着它的绿荫。"带着对叶的事业的执着追求和向往,三年前,我无怨无悔地选择了教师这一职业,在平凡的工作岗位上做着平凡的事情,始终把"一切为了孩子,为了孩子一切,为了一切孩子"当作我从教的最高准则。为了他们,我甘愿奉献出自己无私的爱。

2014年9月1日上午9点35分,我一边忙着照顾新来的学生,一边回答着家长们的提问:"老师,您的电话是多少?""老师,今天什么时候放学?""老师,我们还需要交什么?"……差不多班上的孩子已经坐得满满的,家长们都到外面等候区了,我这才松了一口气。而一直在默默支持和帮助我管理班上孩子的是我的搭班李老师,我都还未来得及和她说句话,突然,"哇……哇……妈妈我不去,妈妈我不去……"一阵哭声吸引了我,循声望去,一个满脸惊恐的孩子在他妈妈的怀抱里哭闹不停。他妈妈见我望过去了,推搡着孩子进教室,孩子反而闹得更凶。"请问您是?""我是羽羽妈妈,老师您好,不好意思,给您添麻烦了……"简单介绍了以后,我开始注意到孩子并不愿意进入教室,所以就给出了建议,让她陪着孩子一起在外面或者一起进入教室。羽羽妈妈就在外面和孩子一起等着。一个小时以后,到了放学的时间,我让他们到我的办公室等我,单独交流一下情况。迅速和李老师整理好放学队伍,我回到办公室,看到羽羽妈妈的眼神,大概猜出孩子有什么情况。羽羽妈妈开始讲述孩子以前遇到的一些事情。听后,我很诧异,孩子这么小就遭受这么多,导致孩子完全没有安全感,都不敢去接触新生事物,甚至害怕陌生人……我的心不觉一紧。后来我和羽羽妈妈商量,还是先和孩子建立一点点信任,让他心里有所依靠,可能这样他才会愿意进入教室,开始他的小学生活。

"我叫小美老师,你呢?"我试着和他接触,开始他还是不太愿意。但是,我相信孩子是能看懂真诚的眼神和虚假的情谊的,所以,可能他觉得我不是坏人，加之妈妈在旁边，他点点头，情绪较为缓和了。我就和他说来学校学习是一件很棒的事……最后和他拉钩，尽量用他能接受的方式和他聊天。整个过程，他都没有说过一个字。晚上我一直在思考，羽羽明天会以怎样的状态进入教室，以后我该怎么做才能帮助到他……

丁零零，上课铃声响了。我看到班级里人满满的，我寻找着羽羽的身影。他真的在座位上，真棒，我给他投过去赞许的眼神。看着外面羽羽妈妈趴在门窗玻璃上看着羽羽，我知道她心里还是担心他，羽羽不也是看着门口，搜寻妈妈的身影嘛！看着羽羽躲闪的眼神，瑟缩的身体，真让人心疼。后来，我和李老师开始进行班级常规训练和注意力、倾听力训练。羽羽渐渐被我们给吸引住了，可能觉得还不错、挺有趣的，能和这么多小朋友一起，而且大家看起来也挺和善的，于是越发认真起来……第一天同学们之间相互认识了，彼此也熟悉了些，大家也有了同桌，可能还认识了一些新的朋友……但是，羽羽还是很少发言，我仔细观察了，他说话基本只能说"是""好""对"……根本无法说两个字，这是多么令人担忧啊，但是，我想还不能着急，更不能逼迫他。

就这样，我、李老师和羽羽妈妈制订了一些短长期计划，每次羽羽有收获、有进步，就多鼓励表扬他。同时，针对羽羽的情况，希望羽羽妈妈在家多费心，对羽羽进行一些常规训练……就这样，羽羽渐渐融入了我们班级的大家庭中，其他同学也渐渐感受到了羽羽的特别，但是没有嘲笑他。老师在上课时抽到羽羽读课文，羽羽读得认真，全班报以热烈的掌声。在后面的学习生活中，我们和其他的孩子们还发现，羽羽是个乐于助人且懂得忍让的小朋友，班上的每个孩子都很喜欢他。

现在羽羽已经和我们相处了快两年了，我们老师和他妈妈都觉得，孩子变得更自信、更开朗，更喜欢学校、同学和周围的一切了。去年12月，天气较冷，羽羽感冒发烧了，可是我不知道。无意间，我看见羽羽妈妈的空间心情更新了，说羽羽发烧，但还是坚持要上学，不愿意在家休息。看到这里，我赶紧把羽羽叫过来，量了他的体温，还正常，可能是吃了药的原因。了解了情况后，李老师恍然大悟："怪不得今天羽羽没有叫我……"平时都是很远就听见羽羽大声喊"李老师好"。后来，我和羽羽的妈妈交流了一下，真心觉得羽羽越来越棒了。

作为一名小学老师，尤其是班主任，必须要有爱心和耐心。有了爱心，就有了耐心，尽管工作繁忙，累得无暇休息、无暇娱乐，甚至连逛街购物都挤不出时间，尽管教育孩子十分操心，而且操碎了心，有时孩子会让你哭笑不得，有时让你气得发疯，但你必须忍耐、忍耐、再忍耐。静下心来，想一想，他们还是不懂事的孩子，不必跟他们大动肝火，一切终会风平浪静、水到渠成的。想到羽羽能够顺利地发展，并且在学校的学习和生活都过得比较快乐，觉得一切努力都是值得的。转眼一年过去了，孩子们已经二年级了。在我和搭班老师们的努力下，每个孩子都成长得很快乐，生活中都比较自信。虽然不是每个孩子都是最优秀的，但是只要每个孩子每天都在进步，我就觉得我的教育是成功的。

有人说："如果一个教师把热爱教育和热爱学生结合起来，那他就是一个完美的教师。"由此看来，"德"是赋予人类灵魂的基石，道德的培养和提高，不论是对教师自身还是对学生都是尤为重要的。只有热爱学生，才能去关心他们的成长，才能去教书育人，才能尊重学生人格，引导学生成才。谁爱孩子，孩子就爱他。只有爱孩子的人，才能教育孩子。教师应用自己博大的爱去温暖每一位学生，因为每一个孩子都是可爱的。虽然他们有的可能学习成绩不尽如人意，但他可能是运动会上的冠军，可能是劳动中的能手，谁又能说他不是个好孩子呢？虽然书本知识的教育是很重要的，但是在鼓励学生成长的人格力量上，给学生营造一个宽松的学习环境，同样不容忽视。

每个孩子都是一个花蕾，都有自己的花期，不要急于让每一朵花在同一时间绽放。我相信，他们一定在属于自己的花期美丽绽放。有爱才有理解，有爱才有和谐，有爱才有希望！让爱永驻我们心中，呵护孩子们的梦想吧！静静地等待，细细地努力，宽待他们"慢慢"地成长。

爱，让我们一起成长

徐怡然

撩开写满记忆的夜幕，点点繁星似乎都在和我诉说着每一件往事。在人生的旅途中，有一种陪伴，为我写下了生命的成长；有一种关爱，让我感受到了挚爱的真情；有一种影响，镌刻了我思想的印迹；有一些人，她们常用"春蚕到死丝方尽，蜡炬成灰泪始干"来表达对我们工作的认可。

屈指算来，至今为止，曾经教过的学生可真不少，他们在我的脑海里留下的印象或认真，或活泼，或睿智……但最令我记忆犹新的还是其中的一个孩子。提到他，记忆一下子把我拉回了那年的夏天……

一次语文考试的成绩下来了。当他看到成绩单后，表情一下子变阴沉了，就好似被霜打过的茄子一样。作为班主任和学科老师的我，没有想到一次单元检测让他如此失意。后来，他跟我说，他彻底明白，胜利是需要努力付出作为铺垫的。我看到他死死地握着成绩单，从他的表情可以揣度，他内心的压抑感终会如洪水般袭来。他静静地坐在窗边，眼泪模糊了他的视线，看起来像一只无助的羔羊，一下子没有了战斗力。我在评讲着试卷，仔仔细细地勾画着可能会再次出现的考点和难点，没有注意到他的伤心与难过。窗外的风掠过，发出"呼呼"声。同学们下课后来到办公室跟我说："徐老师，他刚才上课一直在哭……"纯真的孩子们只是想让我去看看。我走到他面前，轻轻地拍着他的肩说："一次考试的失意没有什么大不了的，更何况男儿有泪不轻弹。"我用手把他眼泪擦了，然后转过身走了。此后我每次看见他站在门口时，都会向他投去一个鼓励的眼神，然后又继续工作，只是没有想到我一个小小的举动对他的影响会那么久远。他最终决定振作起来，不再这样颓废下去。我对待班上的每个学生都十分上心，我希望所有的同学都能把我当作他们的第二任父母，让他们即使身在校园里也觉得很温暖、很亲切。

还清晰地记得，一次课间操跑步时，一个女同学一不小心把脚崴了，同学便跑来向我汇报。我连忙询问她的情况。看着她满脸泪花的样子，很

是心疼，急忙和班上几个高个子男生把她背到医务室去处理。

常言道："一日为师，终身为父。"我就像他们的亲生父母一样，无时无刻不在关心着他们的生活，关注着他们的学习。我是他们的班主任，但我觉得更像他们的好朋友。无论他们面临什么困难，我都会像他们的知心朋友一样，帮助他们分析原因，然后鼓励他们振作起来，帮助他们重拾信心。跟他们在一起的日子里，最大的感触是：作为一名教师，尤其是一名班主任，不仅仅要教好书，更要育好人，教会学生本领。每一位教育工作者多年如一日认真负责地对待学生，不管优生差生，都一视同仁。更难能可贵的是，我们都会把自己的心得体会记录下来，传播出去，为有相关需求的人提供参考。

总而言之，一个具有教育情怀的教师是一位好老师，一个具有爱和奉献精神的教师也定将是一位好老师、好班主任。因为有了爱便有了一切，教书育人是教师的根本任务，而爱便是这根本任务中的根本。只有当班主任全身心地爱学生，时时刻刻想着学生，对学生爱得真、深、切，才能唤起学生奋发向上的勇气，唤起他们对生活的热爱，唤起他们对学习的信心。

等风来，等花开

严 瑾

尽管走过去，不必逗留着采鲜花来保存，因为在这一路上，花，自然会继续开放。

——泰戈尔

小时候，看到"老师是辛勤的_____"这样的填空题，同学们大都会填上"园丁"这个词语，那会儿并没有多明白这个词是什么含义。如今在滨河学校成为"园丁"已一年，个中滋味也品出了一二。师者，所以传道授业解惑也，原来教书匠真的不只是教书，教师肩上承载了太多的责任。

静谧的夜晚总是适合拿来自省和回忆。白天和孩子们打了一天交道，夜晚脑子里却还都是他们。不知不觉，生活中的每时每刻都与孩子们产生了关联，我成为这些小家伙们的老师、知心朋友。回想起来还真是经历了些"磨砺"。在来滨河之前，我并未接触过小学低段教学，一定程度上我还是个新人。面对新的环境、新的挑战、57张新面孔，我内心是藏不住的紧张。俗话说得好，"不打无准备的仗"。为了我的新学期"精彩亮相"，我着实费了很多功夫，除熟读教材、教参外，还在网上找相关课堂实录的视频资料，反复观看，详细地记录下视频里优秀老师说的每一句话，第二天我再照本宣科。我以为照着优秀老师的讲解，依葫芦画瓢，总不会出错。然而现在我仍然对当时我提出"课文是按哪几个阶段来描写的？"问题时，孩子们茫然的画面记忆犹新。课后与年级组其他老师交流才知道二年级的小娃娃哪里明白"阶段"的含义，网上的课堂实录大都是专家打磨了无数次的精品课，我全然照搬，不切实考虑自己班学生的学情，其结局必然是让语文课成为我这个老师的"一言堂"。有一段时间我很恐惧上语文课，我担心自己教不好，忧虑孩子学不好，感觉自己陷入了事倍功半的尴尬处境。幸运的是，校领导及年级组老师给予我极大的帮助与指导，古主任告诉我教学不应只停留在文本教学上，同时要兼顾课堂组织与管理，如果一个老师有了挫败感，那教学上肯定不会有所进步。而后学校为了提高新进教师的教学能力与综合素质，开展了师徒结对协议活动，刘志刚老师与我结为师徒。每一次听课后，刘老师都对我做了非常详尽的点评，不仅仅是刘主任，年级组语文老师针对我的教学，从语态、评价语、板书的设计、课后反馈等多个方面给予指导，让我有了更多的学习机会，在教学上有了更科学与具体的提升方向。

  首先，我意识到在教学中，教师要尽量引导孩子用多种手法表达自己的独特感受。有时候孩子的答案不是我课前预设的内容，但我并不急于否定，而是给学生一个表达的机会，注重拓展学生的思维，让学生领悟语文的魅力。我不再拘泥于教参的固定答案，从学生的眼光出发想问题，鼓励孩子大胆表达自己的意愿。就这样，我的课堂渐渐变得活跃起来。

  其次，让我欣喜的是我同这些小朋友的关系日益亲近起来。回想起刚接触到他们时，大部分孩子还停留在对前任语文老师的思念当中，甚至班上的一位女同学私下找到我，郑重地提出希望我和前一位语文老师一人任教一天，令我尴尬的同时又对他们之间深厚的情谊感动不已。除了课堂教学，我利用一切可以利用的时间去了解他们，发现每个孩子的闪光点，和他们讨论动画片，哼唱TFboys的《青春修炼手册》，参与他们的课余活动。慢慢地，课后围着我转的小家伙越来越多，有些小朋友甚至愿意和我分享他们最心爱的鸡腿。刚到这个班级时，对我极其"高冷"的小Z，现在成为我的得力小助手——班上的班委干部，曾经稍显内敛的他，这学期也表达出"期待每天的语文课""我好喜欢语文课"这样的话语。对我而言，这是比学生成绩更让我骄傲的事情了。

  另外，让我很有成就感的便是孩子们的成长与进步。这种进步不应该局限在孩子的成绩上，我想让班上所有的孩子的综合能力都能提高。每个孩子都是具有独立人格的个体，因而不能忽视教育个体的差异性，因材施教才是让孩子获得良好教育的方法。小L是我们班的尖子生，学习成绩优秀，课外知识丰富，唯独让我在意的是她的口头表达。通过观察我发现，很多时候小家伙心里是明白的，但表述时瞻前顾后、顾忌太多，导致句子稍显冗长，不能准确表达。因此，我总是想方设法地引导、训练她的口语表达。学校的演讲比赛，我让小L代表我们班去参加比赛，小小的她比赛前紧张极了，一遍又一遍地默背自己的演讲稿。正式演讲时，台下的我紧紧地捏着双拳，但看到她落落大方地站在讲台上，我的心情一下子释然了。小家伙站在那里就是成功了，何必非要用成人化的眼光过分注重考试的结

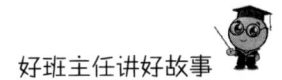

果？在我看来，迈出这一步的她就是冠军！

　　诚然，我离优秀教师还有很长的一段路要走，但我相信我会和孩子们一起"茁壮"成长，以后的路，无论雾雨雷电，还是霓彩流霞，我都会坦然应对，心意自平。生命太短，世界太大，唯有学习和体验才能使生命更加完整。

用心感动每一个学生

李 钰

时间飞逝,踏入工作岗位已经有一年多了。在这一年中,我成长了许多,从一个单班班主任到担任两个班的英语教学工作。工作变了,但是不变的是和学生间的相处,正是因为工作变了,我仿佛也能从学生对我的态度中,看到一年的班主任工作给我带来的收获。

一年前,作为一个刚毕业的大学生,一毕业就知道自己成为了一名班主任,而且还是个大家口中所谓几年难遇的"极品班"的班主任,可以想象问题的棘手性。而我对班级管理的一切都那么陌生,在带班过程中问题总是层出不穷。其中,最让我头疼的就是班上学生的常规管理和少数不守纪律的同学的处理。班上的学生生活和学习习惯都比较差,在一些常规问题上,明明是很容易做到的小细节,也需要反复强调,而且还屡禁不止。即使制定了严格的班规,也让违规的同学受到了惩罚,但还是会有明知故犯的学生。另外就是班上典型学生的处理。我们班有个同学让各科老师都很头疼,科任老师曾用这样一句话来形容他:"一进你们班教室,只需要十分钟,就知道谁是他。"这个学生习惯很差,喜欢招惹同学,随地乱扔垃圾,随地吐痰,不打扫卫生,无论是在课堂集会还是午休,说话的总有他。更要命的是,这个学生不会看老师眼色,又是个倔脾气。老师干涉他,他要么矢口否认,要么就横着眼,歪着嘴,一副事不关己的样子。对他,我先是采取强硬的态度,在全班面前说他,给予惩罚。但这并不管用,即使老师态度强硬,伤他面子,他还是嬉皮笑脸,一副无所谓的样子。后来,我又采取了细心交谈的措施,和他敞开心扉聊了几次,其中他还在我面前哭过两次,也说了要改变的决心。但是没过几天,他又恢复了那副顽劣的样子。让我充满挫败感,一时也无计可施。我甚至一度觉得他就是该被放弃的那个人。但是我骨子里的倔强和内心深处的良知又在时刻提醒我,为人师者,绝对不能轻言放弃。他仅仅是个刚入初中的孩子,他的一切价值观都还没有完全树立起来。如果我放纵他,可能毁的是孩子的一生。为此,我甚至想，如果我是他的父母，我会放弃他吗？肯定不会。于是，我转念想，那我为什么不以父母对子女之心来对待他呢？或许他是由于缺少父母的引导和爱才让他有了现在的迷茫。为什么我不给他多一份关爱？于是，我调整了教育他的思路。首先，我把他叫到办公室，说："走，我们找一个安静的地方，好好聊聊。"没有居高临下，没有一味的斥责，我只站在一个朋友的角度，和他聊了起来。他也从一开始的拘谨、不适应到后面慢慢敞开心扉。从我们的对话中，我了解到了他的家庭情况。他父母虽然要管他的学习，不过所谓的管就只是做完生意回家，随口问一句"作业做完了没有"。他们甚至不在乎问题的答案，而所谓的做完生意回家，一个月也只有五六天。每次孩子在学校犯了错误，家长回家后也只是一顿暴打。孩子大多数时间是见不到父母的。孩子为什么调皮？或多或少是因为孩子天生调皮，缺乏自控力。但会不会有孩子渴望得到父母的关注，让父母和自己多多交流的原因呢？我想会有，于是，我便和他谈起来："小林，你看我比你大不了多少吧，其实你的想法我都理解，我也能体会你的心情。甚至你犯的那些错误，我都相信你不是故意的，你只是因为调皮想搞搞恶作剧而已，你的本心并不坏，根本不是所谓的坏孩子。你只是没有提前考虑到问题。老师相信你，你可以改变，尽管这个改变不是立竿见影。我知道让你今天马上就能成为一个三好学生是不可能的。但我们一起努力，你每天自己写个小纸条，上面写你进步的事，我们一起来见证你的转变……"那天聊了很多，很多细节我甚至记不清楚了。聊完之后，我马上给他家长打了个电话，把家长叫来，孩子并不知道。我和家长推心置腹，说了孩子的情况，反映了我了解到的问题，沟通了解决办法。最后我们达成一致，多花时间陪孩子。后来我听小林说，自那以后他的妈妈很少继续陪他爸爸去忙生意，而是专门在家陪孩子，与孩子多沟通。在平时学校的生活中，如果小林和别人打架了，我会先问，伤得厉害吗？疼不疼？让孩子感受到我的关心。渐渐地，这个孩子有了转变，同学们也察觉了他的变化，为此我们私下和公开都表扬过他，他也越做越好。

现在，我不再是他的班主任了，但每次不管在哪儿遇到，不管距离多远，他总是能嘹亮真诚地叫一声"李老师"。从他的眼里，我能读到他的感谢。今年的教师节，他也给我写了卡片，上面只有寥寥几个字："李老师，教师节快乐！我知道你是真的关心我，谢谢你。"就是这些字，简单，却也带给了我满满的欣慰、感动与自豪。

"好学生"不是老师教出来的

伍德勇

很久没有动笔写过东西了,学校要求写"好老师讲好故事",说实话我是有很大抵触情绪的。对于数学老师来说,写文章这件事是很恼火的,一是怕写不好,二是觉得没有什么故事素材可写,找了N多理由拖延,直至最后交稿时间才动笔写。

有人说:"没有教不好的学生,只有不会教的老师。"这句话是否正确不用我说,每个人都有自己不同的理解。学生的成长与老师有很大关系,但是学生是否成才却不是老师能左右的。

今年我担任的是八年级一班和八年级二班的数学教学工作,这两个班是不同学习层次的班级,在教学中常常不可避免地要将两个班级进行比较。不可否认,部分学生的学习成绩和学习习惯确实有一定的问题,这让我从心理上对其中一个班级(八年级一班)产生讨厌的情绪,认为这个班的孩子是没有发展前途的,不管是学习成绩还是学习习惯都是最差的。但有一个学生的成长却让我改变了这种偏激的想法。

这是一个女同学,我暂且叫她R同学。在七年级的时候,她还是一个默默无名的小女生,学习上没有什么特别之处,不拔尖也不落后。如果不是特别注意,你根本不会注意到她的存在。就是这样一个默默无闻的小女生在半期考试的时候却考了全班第一名,直到这时我才开始认识她、关注她。她是一个性格较内向的孩子,平时不会主动举手回答老师的提问,也不会找老师问问题。我找她谈过几次,可能由于性格原因,我俩最终也没谈成什么结果。我慢慢发现这个孩子有一个优点,就是上课听讲非常认真,但是不会做笔记。我课后把她叫过来,与她谈了一次话,现在都还能记得我们谈话的大致内容。

我:R同学,上课听得怎么样?

R同学:听懂了。

我:练习题会做吗?

R 同学：会。

我：有没有不懂的问题？

R 同学：没有。

我：上课有没有记笔记？

R 同学：没有，数学要记笔记吗？记什么呢？

我：数学需要记笔记的，主要记你在听课中的疑问、好的解法、体会等。

从我们简短谈话中，可以看出，R 同学没有基本的数学学习方法，找不出自己的问题，不善言谈。

在随后的教学中，我随时关注这个学生，课上的提问，课后作业的检查、批改，错题的搜集和改正，她都能很好地去完成。经过一学期的努力，R 同学在数学上有了一些进步，数学成绩稳居班级第一名。她找回了自己学习数学的自信，人也变得开朗了一些。

八年级一开学，学校实行走班制，R 同学由于成绩较好被调到八年级二班。说实话，R 同学的数学成绩在二班还真不算好。在二班众多的高手中，R 同学只能是中偏下的水平。或许是二班的学习氛围给了她刺激，自从她进入二班以来，对数学的学习比以前更加积极和主动了。记得刚开学不久的一天早上，我习惯性地很早来到学校。吃过早饭，我准备在操场上走一走，锻炼一下身体，无意间瞥见我办公室门口有一个穿着校服的孩子在那里东张西望。当时我就想：这么早是谁在那里？她在等谁？可能是看到我朝办公室这边看，她老远就朝我挥了挥手。似乎是找我的，我就快步走向办公室。她拿着一本数学练习册，对我说："伍老师，这是昨天的家庭作业，有几道题我不会写，您能不能给我讲一讲？"我说行。打开她的练习册，差点没把我气晕了，居然有一大半都没有写。刚想批评她，但看见她一脸的愧疚，我忍住了自己的怒火。询问了她不会做的原因，原来是昨天她生病了，上课的时候头昏没有听懂，所以作业不会写就没写。了解原因后，我又给她讲了一遍昨天的学习内容，并准备开始给她讲没做完的数学题。这时，R 同学对我说："老师，我先自己做，不会再来问您，行吗？"我被她震惊了，居然不让我给她讲题，太意外了，这个同学也太特别了点吧！回过神来后，我连忙说好。然后她问我："老师，您每天都来这么早吗？"我说："是啊！怎么啦？"她说："我每天也是这个时候到学校，以后我可以每天来找你改作业、问问题吗？"我再次被震惊了，现在才 7:20 啊，离学校规定的到校时间还有足足半个小时，能这么主动学习的好孩子不多啊。我连忙说好。

此后的每天早上,我办公室门口总会有一个东张西望、焦急等待的身影。一个月后的月考,R 同学数学考了 131 分,比起上学期末进步了 20 多分,总成绩排名上升了 29 名。长此以往,可以预见 R 同学在半期、期末,乃至以后的学习中还会有更大的进步。

　　R 同学的进步再次说明,好学生真不是哪一个老师教出来的,再厉害的老师也教不会不学的学生。在学生的学习过程中,老师只是起了一个领路人的作用,关键还在于学生自己的主观能动性的发挥。这真是:"天下事有难易乎,为之,则难者亦易也;不为,则易者亦难也;人之为学有难易乎,学之,则难者亦易矣;不学,则易者亦难矣。"

有心给学生设置一点障碍，帮助他们更好地成长

杨 丽

两年前的一个周末，我接到一个电话，对方称呼我为杨老师，让我猜猜他是谁。我想这么些年教了那么多的学生，难度有点大，要求他给点提示。他说他是我以前城北中学的学生，我立刻判断出他是小泽。他很意外，说："杨老师你真厉害，这么几年没见，你竟然还能一下子猜出我的名字！"其实这个小孩在我的教书生涯中给我的印象是非常深刻的，我非常喜欢他，可惜因为工作调动我只教了他一年半，并没有把他带到高三毕业。但就这仅仅一年半的时间，我们两个建立了深厚的感情。我问他："现在早毕业了吧？在做什么呢？"他回答说："在北京读完本科后，全寝室的同学都考了公务员，只有我怀着当律师的理想，也想留在北京，就考了研究生，现在还在读书，你猜我读的哪所大学呢？"想着他当时的成绩也不算很优秀，应该不会是北京大学吧！我猜了几所其他学校，他都否定了，最后我说："难道是北大？"他笑了，"是啊！我读的北大的法律系，想以后开家律师事务所。"我说："挺好的啊！高中的时候就知道你是个有主见、有理想的男生。希望你能如愿！"后来我们又随便谈论了下我的工作情况，交流了自己知道的其他同学的现状，互相交换了 QQ。最后他说："谢谢你，杨老师，那时候不懂事，让你费心了！你的教诲我会一直铭记在心的！"我很开心，说："你的成功最让我欣慰的了，你可算是我现在最得意的学生了，不知道以后我还会不会再有北大的学生呢！"他笑了："一定会有的！"后来，我们逢年过节偶尔会打个电话、发个短信，QQ 上也经常会有联系。

关于这个学生的故事，我非常清晰地记得。那时候我参加工作时间不长，高一下学期文理分班，第一天上午报到结束，我发现班上少了两个人，小泽和小妍。学生告诉我他们把桌子搬去了另外一个班，因为他们说喜欢那个班的数学老师。我找到教导主任说明情况，说既然他们不愿意到我班上，那就随他们吧，只要那个班的老师愿意接收他们。主任告诉我说："那怎么行呢？不是他们想去哪儿就能去哪儿的，我去让他们搬回来！"我灵机

一动:"既然这样,那主任你去叫他们搬回来,剩下的就交给我处理吧!我想先不让他们进教室,要让他们知道我这个班也不是谁想进就能进得来的。"主任同意了,说:"我支持你,但也不要太为难他们了!"我告诉主任说我有分寸。下午上课,两个学生就抬着桌子到门口了,我当然让他们搬走,说既然喜欢那个班就不要回来我这里。他俩很为难,说主任让他们必须回来,而且他们也已经认识到自己的错误了。我让他们在教室外待了一下午,晚自习的时候,小泽的爸爸来了,至今我仍然记得他那无奈的表情,说孩子太不懂事了,就连他也不知道这件事,请老师原谅。我告诉他孩子这么大了,是该为自己犯过的错承担责任了,我要让他记住我这个班也不是谁想来就能来的,这样他才会珍惜,也才会对我这个他现在不了解的新老师感到敬畏。同为老师的父亲也很能理解我的用心,没有再说一句话,只是静静地陪着小泽又在外面站了一节课。我想是时候了,就把小泽和小妍叫到面前,跟他们讲了些道理,同意他们进教室。虽然小泽最初不愿意到我们班是因为喜欢原来的数学老师,但他听我的课没多久,就也喜欢上了我,我用自己的教学实力改变了他对我这个新老师的看法,也用对学生无私的爱拉近了我和他的距离。在后来一年半的日子里,他和我的关系很好,和我谈人生、谈理想。也是在那时,我便知道了他的理想是当律师,他还会赞美我穿哪件衣服漂亮,也会在我遇到和我作对的学生时挺身而出,更会在我遇到挫折心情不好的时候和全班一起唱《很爱很爱你》,感动得我眼泪哗啦哗啦地流。开学报到的事,我们很有默契,以后谁也没有再提,只是有一次家长会后,他的父亲告诉我:"小泽觉得自己当初很愚蠢,说是杨老师你让他更加看清了自己,他说一定要好好学给你看!"事实证明,小泽确实好了,而且比我想象中的好上很多倍,我以他为荣。

　　后来的几年,我也遇到形形色色的学生,也和他们发生了很多很多值得回味的故事。现在任教的这个班级,各方面表现在大家看来也都还不错。其实在最初的时候,他们也不是那么好的。上学期刚开学不久,班级管理还没步入正轨,接连几天,发生了很多的事。先是数学午休课学校临时开会,只留下一位老师负责整个楼层的管理,我安排科代表负责组织讲完试卷剩下的问题。结果回来后,值班老师告诉我班上纪律很差,她去干涉过两次。我去班上了解情况,听说有人讲题被骂哭了,科代表管不下来,还被骂,讲过的题一点效果都没有,到最后,剩下的几道题都没讲完。一想到班上学生不听招呼、管理的同学没有魄力、讲题的同学讲不好题,很是气愤,于是让他们安静地坐在教室,写完反思后才放学。第二天中午到食堂吃饭，我从后面赶到时他们正好一窝蜂地走出食堂。一了解才知道他们在食堂乱跑，被正好在那儿的校长赶出来重新排队再进去，这让我更加生气。想着最近一段时间学生表现的种种，包括早上到校后的混乱，午休的纪律差，教室的保洁差，学生自私，对班级的责任心不够，班级缺乏正气等，于是我决定给他们一个深刻的教训。下午我推迟放学两小时，每人在这个时间段写一份深刻的反思，写明自己错在了哪儿，这段时间对班级贡献了什么，后期还能为班级做什么。那时的教室特别安静，我利用这个时间在家长群发了信息，让他们7点20分到教室接学生，收到的请回复。回复的家长我都做了登记，没有回复的家长我也一一打了电话，务必做到每一个孩子都有家长接。家长都很支持我工作，这点让我很欣慰。那天在走廊上看到一个个家长匆忙的身影，嘴里还说着"辛苦杨老师了，孩子们让老师费心了"，我觉得很内疚，其实是我给他们增添了麻烦，家长们大老远放下一切赶到学校，特别是学生小迪的家长还是从外地赶回来的。我首先对增添了他们的麻烦表示歉意，感谢他们支持老师的工作，并告诉他们孩子在学校学习环境的重要性。一个班级是一个整体，今天牺牲老师和家长的一点时间，如果能增强他们对班级的主人翁意识，创造出良好的班级学习氛围，这也是很值得的，家长们都很理解。对学生，我跟他们说上初中了，还让你们感受一回幼儿园家长到教室接孩子的待遇，希望他们能记住今天。事实上，学生这次的反思写得很深刻，经过这次的事，他们也真的吸取了教训，管理人员的管理力度更大了，学生食堂吃饭从此井然有序，课堂没有老师在的时候也更自觉了。一学期下来，班上多次获得文明礼仪班集体，班级正向我们的班训"创最好的班级，做最好的自己"方向发展。

所以说，有时老师牺牲一点点，精心给学生设置一点障碍，往往更有利于学生的发展。

残缺的爱

张艳梅

他是我一眼看见就打心眼里喜欢的孩子：性情温和，待人礼貌，平时见谁都笑脸相迎。但在之后不长的时间里，这孩子的性情发生了明显的变化：以前那个随时随地笑呵呵的孩子不见了，经常见到的是苦着一张脸的孩子，脾气也大了些。一直以来我以为是孩子大了，叛逆期也随之而来，只需要我们老师慢慢疏导就可以了。但一个偶然的机会，终于让我弄清楚了原因。

孩子从小身处特殊的单亲家庭，每年暑假孩子会见到自己的爸爸。他的父母也会在这期间相处融洽，跟普通的夫妻没什么两样。也许，在孩子的眼中，这就是自己父母的相处方式。我的呵护让孩子愿意跟我倾诉，他告诉了我他家里的情况，并且申明：老师，我即使一年最多见爸爸一次，心底有点恨他陪我的时间少，可爱他更多，妈妈是我相依为命的亲人。最近，妈妈给他新找了个爸爸，他非常不喜欢，他想要自己的爸爸。但孩子将心事和妈妈沟通时，采用了很粗暴的方式，导致妈妈非常愤怒，孩子也被吓到了。

在和母亲进行及时沟通后，我了解了事情的大致情况。下午，我找到孩子，问他："你为什么不喜欢现在的叔叔？"孩子低下头扭着自己的衣襟轻声说："我想和自己的爸爸永远在一起。"孩子的话让我一阵心酸，我抱抱孩子，问他："他们还有可能在一起吗？"孩子红着眼睛，头埋得更低了，哽咽着告诉我："老师，不能，爸爸又有了新的妈妈。"这时我心中已经有了底。再问他："你平时不高兴或者有困难了怎么办？"他立刻抬头告诉我："不能解决就找妈妈。"我摸摸孩子的脑袋说："孩子，你妈妈要养你，还有厂里那么多的工人，妈妈会不会有困难？如果有困难，她有亲人可找吗？"孩子沉默了。（我记得孩子曾经告诉我，他妈妈每到货发不出去，火气就特别大，他在家里大气都不敢出，怕惹妈妈生气后挨揍。）所以，我再问："你希望妈妈身边有个人帮她吗？希望她过得幸福吗？"孩子把玩着手指，想了想说:"我希望有人帮妈妈,希望妈妈不要这么辛苦,希望她每天都过得开心。""那现在这个叔叔不就可以吗?"孩子抢着说:"叔叔啥都没有,还用妈妈的钱。"我笑了笑,心想:现在连孩子都这么现实啊。可我仍然告诉他:"没关系,只要他对妈妈好,能让妈妈每天都笑着就行,钱,以后大家一起赚。"孩子似懂非懂地点了点头。因为能感受到孩子对妈妈的挚爱,我再问他:"孩子,妈妈一个人把你带大,还要养活这么多的工人,多辛苦。而且我相信妈妈一定也非常爱你。你那样的态度,妈妈肯定伤心死了,说不定还偷偷地哭过。"孩子抬起头,告诉我:"老师,我知道了,这次我的方法确实不对,我回去会给妈妈道歉的。"最后我告诉孩子,以后有什么问题和妈妈沟通,一定要注意态度,这样才是晚辈正确的处理方式。

　　看着孩子那依旧忧伤的眼神,我的心真的很疼。婚姻真的不仅仅是夫妻的事情,失败的婚姻到底会伤害多少无辜的人,又让多少人心底多了抹不去的伤痕。或许真的该如网络流行语说的那样,"如果爱,请深爱",这份爱一定要双方用责任心共同去维护!

循循善诱，春风化雨

杨 琴

我是一名数学老师，执教八年来，做了四年班主任工作。兜兜转转，我终于又教一年级了。想到一年级孩子的天真、活泼，我觉得工作是美好的。四年前我也教一年级，不同的是那时我还不是一名班主任。自认为低年级的教育教学工作我是非常熟悉的，也比较了解小学低段的孩子的心理表现、行为习惯。

带着美好的期待，我迎来了 58 个活泼可爱的孩子。前几天孩子们都很乖，经过一周，有些孩子的问题就开始凸显出来了。我们班女生 26 人，男生 32 人。经验告诉我，男生多的班级都存在一个问题：孩子们太活泼，下课玩得超级疯狂，上课坐不住，很久都静不下来。在班级里总会有那么几个孩子，他们常常为一点小事打、骂、欺负同学，甚至无缘无故地就去打同学。

我们班就有这样一个小男孩，每天都有人来向我打报告："老师，某某打我。"问他们原因，发现也没有什么大事，就是在玩的过程中打了起来。偶尔也有家长向我控诉说他的孩子被某某打了，特别是他同桌的家长，经常告诉我自己孩子被这个孩子欺负了。由于天天有人来告状，于是我找他教育了一番，可是接下来每天都是一样。同桌也给他换了好几个，问题还是一样的存在。我在班上一调查，有 30 个人向我反映被某某打过，我就想难道他就是喜欢打人？我该如何是好？

我深深地知道，要教育好这个孩子，就要全面了解他，并要与他父母合作完成。

于是我开始仔细观察这个孩子在校的表现，发现他每天一下课就在教室和走廊疯跑，跑得满头大汗。我还发现他非常喜欢和同学玩耍，喜欢恶作剧，招呼同学和他玩耍的方式是拍一下别人肩膀，打一下别人的背部。有些同学接受他的打招呼方式就和他玩耍，有些同学不接受他的方式，认为是被他打了，就和他打起来。在和同学玩的过程中，他身体素质比较好，跟同学抓扯的过程中也常常会让同学认为是被他打了。

对孩子在学校的表现了解清楚后，我找来了他的父母，了解孩子在家里的一些情况。孩子每天都由婆婆接送，虽然都在一个城市，孩子只有周末和父母待在一起。父母经营一家KTV，周末也没有多少时间陪伴孩子。让我惊讶的是，孩子爸爸告诉我："我们没有时间管娃娃，老师，孩子不乖，你打好了。他就是这样，打了就乖了。"看着他们，我想改掉孩子喜好打人的毛病，还要先改掉他的父母的这种错误的想法。其实在我看来，这个孩子脑子还挺聪明，就是不善言辞，喜欢打人。于是我下定决心，一定要帮助这个孩子改掉打人的毛病。

针对他打人的情况，我在班上召开了一节班会——如何与同学和睦相处。班会上主要讲了打人是不对的，打人的孩子我们大家都不喜欢，教给孩子们正常的与同学打招呼的方式。最后，让这个孩子向同学们道歉，并取得同学们的原谅。

与家长沟通好，建议他们多关心孩子，对孩子的教育不能是一味的打骂，而是要教给孩子一些与同学相处的方法。

班会后，我还找了这个孩子单独谈话，因为他当着全班的同学道歉了，但是他并不觉得自己做错了，他觉得自己并没有打同学。我安抚了他的情绪，跟他讲道理，让他明白我是喜欢他的，同学们也是喜欢他的，只是他以后要学会正确地与同学相处，不要让同学们误以为被打了。

他对班级中的事情比较热心，我便安排他每个周二、周四和班上的一个特别乖的孩子一起抬我们班的水果，他做得很认真。我在每月班级总结中大力表扬了他的这一行为。

另外，针对他好动的特点，我建议他参加足球训练。我们学校是一个足球特色学校，他被选进了学校足球队。

现在这个孩子，每天下课还是要在教室和走廊里跑跳，但是再没有人来告诉我说被这个同学打了，他与同桌也能和睦相处了。

一个班级中总有这样那样的孩子，这个案例也告诉我：班主任不能讨厌、歧视任何一个学生，要认真对待班级中的每一个学生，真诚地关心每一个孩子，不能简单粗暴地训斥、打骂、处罚学生，而要多关心，多理解，使其感到温暖而有所触动，有悔意，为教育引导打下基础。

爱与教育

谭迎花

有位教育家曾经说过:"爱是教育的前提,没有爱就没有教育。"一个优秀的班主任,除了有爱心、信心和耐心,还必须具备高尚的品德、强烈的责任心和事业心,要善于发现和挖掘学生身上的闪光点。

小明在我们班级里不是一个很起眼的孩子。个子小小的,平时不爱说话,上课也很少举手发言,语文成绩也是中等水平。以致我接手这个班级一年,都极少关注他。

这天,有个孩子急匆匆地跑到我的办公室,朝我喊:"老师,你快去看看,小明在班上大哭大叫,可怕极了。"我心里想,只是哭哭而已,怎么会可怕极了呢?我不紧不慢地向班上走去,走到后门时,就听见一阵咆哮:"你们给我滚!你们都是坏人!你们都欺负我!你们快去死——!!"我走近一看,小明站在自己的座位旁,皱着眉头,龇着牙,瞪着愤怒的双眼,拿着一本书正向周围的孩子怒吼。我怔住了,仿佛看到的不是小明,而是一头咆哮发怒的小狮子。周围的孩子都吓得后退,远远地看着他,眼里流露出来的全是恐惧。看到此情景,没来得及想什么,我走到小明身边,轻轻地拍了一下他的肩膀,柔声问道:"你怎么啦?"小明马上又激动起来,大声喊道:"他们全来欺负我,他们全是坏人!"我双手扶着他的肩,说:"好的,老师知道了。我们一起到外面透透气好吗?"说完我扶着他的双肩,推着他到外面。他半推半就地顺着我走出了教室。我回头示意旁边的孩子回到座位上。

来到我的办公室,我拉了一张凳子给他坐下。

"刚才我看到你很生气,是什么事让你生这么大的气?说来听听。"我轻声地问他。

他情绪又开始激动起来,大声说:"他们都是坏人,他们都合伙欺负我!我都没惹他们,他们却来欺负我。"

"他们怎么欺负你啦?"

"他们都来打我。"他一边说一边伤心地哭着。

"都打你哪儿了？让我看看。"我边说边拉着他的手，示意他站起来。他站起来说："打我的手。"

"哦，让我看看，伤到哪儿了？现在还痛吗？"

"不痛了。"他停止了哭声，肯定地说。

"他们打你，是他们的不对。"我拉着他坐下。他轻轻地坐了下来，说道："我在座位上安静地看书，他们就冲过来打我。"

"哦，他们是谁呢？我等会儿找他们来问问，他们是不是有意打你的。你觉得他们是有意打你的吗？"

"不知道。反正我没惹他们。"他小声地说。

"好的，我等会儿找他们过来了解一下当时的情况，然后我再找你好吗？"他点了点头，然后慢慢地走回了教室。

我马上找到了当事人，了解了当时的情况。原来，事情的经过非常简单，有两个孩子在玩耍打闹，有一个后退不小心碰到了小明，小明被推倒在桌子上，他也不问原因，直接就把碰他的孩子推到了另一个孩子身上，于是，一场战争就这样开始了。最终结果，就是引起了小明的愤怒和咆哮。

知道了整件事的始末后，我分析了一下，这件事情看起来很小，但小明的情绪有点过于激动和敏感，导致现在的局面应该另有原因。于是，我找了班上几个孩子了解小明的情况。小明是二年级转到这个学校来的，来了之后，刚进入新环境很不适应，和其他的孩子也不合群，经常一个人看书，偶尔和其他同学玩，也经常会起矛盾，每次他都是很生气，只是没有这次事件中的情绪大。

事后，我找他聊天，他告知我，自从转学来之后，他没有朋友。他唯一的朋友是幼儿园时的一位小男孩，可惜转学后，再没联系。他觉得在这里很压抑，在家里也没人理解他，家长只问成绩，不关心他的学校生活。周末也是被补课挤满了。了解了这些情况后，我觉得这个孩子是缺少关爱，缺少对周围环境的信任。他的生活是被压抑的，他的情绪也是被压抑的，他觉得全世界没有人理解他。甚至他觉得生活很无趣，有轻生的念头。我心里真的很沉重，也很愧疚。埋怨自己接班一年来，没及时发现孩子的问题，是自己工作上的疏忽；心里沉重是对孩子的未来非常担忧。很明显，小明的心理健康出现了偏差。五年级的孩子，应该是阳光的、活泼的、积极的。可是，他完全没有享受童年的快乐，在他的身上，只有无尽的压力和压抑。我真实地感到，如果不及时疏导，这个孩子成长必定很痛苦。

我拿起电话和小明的家长取得了联系，把孩子的情况和自己的担忧告诉了小明的家长。小明的妈妈很紧张、很愧疚地对我说:"老师,是我们的不对。平时我们确实和他沟通得太少了。我是个没耐心的人,只要他有什么不对,我就生气地大吼。他爸爸的脾气更暴躁,动不动就发脾气。这是我们当家长的做得不好,影响了孩子。我们以后一定会注意。"心理学上说,孩子的个性大都来源于家庭。很明显,小明的家庭教育出现了很严重的问题。经过交流,小明妈妈表现出很积极的合作态度,并准备寻求心理老师的帮助。

但过了不久,小明又和其他孩子起了更大的冲突,在课堂上生气地甩笔,差点伤到了同学和老师。老师批评他,他就一直站在走廊里,不愿进教室。我找到他时,他伤心地说:"我真想死!"这让我很震惊。原本以为家长配合之后情况应该会有所改善,但没想到反而越来越糟糕了。

于是我再次心情沉重地拨通了家长的电话,小明妈妈告诉我,小明爸爸认为小明的行为是正常的,他小时候脾气也是很大的,但长大后就好些了。他认为每个人的性格不一样,小孩子都有脾气,只是大小的问题。听完这些,我心里很着急,并约了小明父母双方面谈,告知他们小明情况的严重性,并提出要及时疏导小明的负面情绪,为小明提供一些心理方面的帮助。一定要注意孩子的心理健康,身心健康是人生存的基本条件。家长这次真正地意识到了问题的严重性,因为心理不健康的孩子是很危险的。我们协商如何家校联合,帮助小明走出心理阴影。

我再次找到小明,和他促膝长谈,了解到了孩子的成长经历也是一波三折,经常换环境读书,每到一处又得从零开始,重新认识朋友,这对于较为内向的孩子来说,是一个巨大的挑战。如果家长不及时关注,孩子又没有建立自己的朋友圈,很容易陷入孤立的生存状态。平时情绪得不到宣泄,在与他人发生冲突时,就容易造成敏感、冲动、暴躁,甚至轻生的行为。在安抚小明的同时,平时我也更加关注他的学习与生活,和他交流一些为人处世的方式方法,并发动全班孩子接纳他、理解他。慢慢地,笑容重新回到了小明的脸上,和他人的冲突也日益减少。

鲁迅先生曾说过:"教育是植根于爱的。"爱是教育的源泉,教师的爱心是成功教育的原动力,对学生的热爱、理解、尊重,是教育成功必不可少的条件。爱学生,就必须善于走进学生的情感世界,就必须把自己当作学生的朋友,去感受他们的喜怒哀乐。有时,一个关爱的眼神、一句信任的鼓励,都能赢得问题学生的爱戴和信赖,会使他们的潜能发挥出来。我愿意做这样的一个人。

孩子，学会用智慧解决问题

周　芹

此时望着窗外的灯火阑珊，不禁多了些感触，回想生活、工作中那些点点滴滴，更多的是那一张张可爱稚嫩的脸庞。我是一名教师，普通得不能再普通的小学班主任老师，在这个岗位上已经是第四个年头了。孩子们已经从张牙舞爪的小不点变成沉稳能干的小大人，而我也由当初手足无措的新人成长为今天波澜不惊的老手。在这个过程中，我积累了很多教育案例，我不能确切地定义它们到底是成功还是失败，因为我还不清楚这些小的做法会不会对孩子产生深远的影响，是否会对他们的人生有所启迪。下面的案例是我在做班主任工作中发生的小事儿，愿你能有所深思。

这学期，我班来了三位新面孔，我知道这即将是我开学初期最上心的事儿。三位孩子的到来让原来的班级增添了更多的活力和新鲜血液。开始一周的时间里，孩子们都在互相认识、适应，彼此之间也没有较大的冲突。在第二周周一的早上，吃完早餐我就急匆匆地奔向教室准备带领孩子们下楼参加升旗仪式。可是刚一进教室，眼前的一幕让我惊呆了，一大群孩子围着新生小帆，你说你的，我说我的，乱成一锅粥。孩子们看见我进来了，迅速回到自己的座位上，一个个都默不作声。这时候我班一个平时大大咧咧的女孩儿小瑞站起来说："老师，小帆哭了，是从学校外面一直哭到教室里的。"其他孩子也开始你争我抢地说小帆的事。我再定睛一看，小帆一双眼红通通的，泪水都打湿了两只袖子。这时候因为马上将举行升旗仪式，我便和全班孩子们讲不管遇到什么事先镇静，时间紧迫，我们先下楼参加升旗仪式，回来我们再具体了解情况。孩子们也迅速反应过来，在班长的带领下立即出教室排队。小帆的同桌见他难受，就拍拍他肩膀为他打气，两人扶着胳膊也出了教室排队。

待庄严神圣的国旗冉冉升起后，我们回到了教室，这时刚好也是课间休息时间，班中多数孩子已经平静了下来。从早上的情形来看，小帆还未对同学们说出实情，因此为了不让孩子在全班同学面前更加难受，我单独

让小帆来到办公室。我先是找了张凳子让他坐下，摸摸他的头问：你怎么啦？他摇摇头什么也没说。我对他说：孩子，你在家里有父母，在学校有老师，老师可以是你学校里的第二个"妈妈"，有什么事可以讲出来，我们一起解决好吗？孩子一听这话，"哇"的一声再次哭出声来，轻声嘟囔道："可是家里的妈妈不要我了。"经过细问，原来整个周末孩子父母都在吵架，孩子昨天晚上还偷听到了父母约定好今天要去民政局离婚，因此才会如此难过，如此担惊受怕。

了解到这一信息后，我马上分别联系小帆的爸爸妈妈。从电话里也听出来，小帆妈妈是在哭泣。常言道，"清官难断家务事"。我只是向他的爸爸妈妈陈述了他的情况，家长也大吃一惊，对于此事他们表示会顾及孩子的感受，慎重考虑。

接下来我就向孩子询问了家长吵架的原因，无非就是一些鸡毛蒜皮的小事。这种事情我见的实在是太多了。于是，我对小帆讲了一些我小时候如何从中帮忙，化解我奶奶和妈妈婆媳之间矛盾的事，孩子听了以后大受启发，眼睛咕噜咕噜地转着，似乎有了好的点子。

第二天到校后，我便第一个观察孩子的表情。他笑眯眯的，还主动来帮我拿书本，看来昨晚他使的计谋效果还不错。周五的时候，孩子爸妈特意打来电话，说孩子这两天特别棒，学习不用多提醒，还主动做家务，等等。看来家长也是因祸得福啦！事后我细细思虑，如果当时我不插手，孩子会是怎样的处境，简直不敢想象。

班主任有着另外一个身份，这个身份会因为不同情境、不同时刻而随机变换，时而是福尔摩斯，时而是慈爱启发者，不管是什么身份，站在什么样的立场，都必须有敏锐的洞察力，善于发现每个孩子的小意外。当他们需要你时，请立即展开臂膀给予他们支援，让他们在你的指引下，能够学会冷静下来，动用智慧的力量，找到处理事情的方法。师者，所以传道授业解惑也。我认为，多多观察孩子，找出孩子所需要的，并给予相应的指导，才是教育的真谛。当然，我仍需努力！路漫漫其修远兮，吾将上下而求索！

有爱的世界，充满阳光

马 燕

童年是人一生中最为缤纷的时段，每位家长和老师都希望孩子们的童年是充满欢声笑语的。然而，成长中的孩子也难免会做出一些让大人觉得不可思议的事情。作为老师，此时就应该运用你的智慧、信任和关爱，使他们踏上健康成长的道路，让他们在生活中再次感受到温暖的阳光！

我眼中的他：

他是个有点小调皮的孩子，上课总是坐不住，不是东张西望就是埋头玩乐。虽然他有点调皮，偶尔有作业书写糟糕、敷衍了事的情况，但他思维清晰，脑袋瓜子转得极快，课堂上也能有建设性的发言，还经常博得老师和同学的称赞。此外，他还有一颗善良的、乐于为班集体服务的心，但同时又有一点小脾气，气起人来能让你气出一身冷汗。

他的表现：

暴力现象不断。刚接手该班的第一个星期，课上完成练习的时候，他因为和同学之间发生一点小摩擦，闹得不可开交，立即成为全班的焦点，于是我只好无奈停下课进行调解。然而我的威慑力还不及班长，在班长的三声口令下，双方停了手，于是课堂开始在表面上回归正常。我想大部分同学心里是不平静的，接下来的课上得也没有什么效果。课后，我把两位同学叫到教室外聊天，事件的起因果真不值一提，不过是一块橡皮擦引起的一点小误会而已。

第二次是在刚下课的时候，一下课两人又开始动起手来，这次更为严重，双双举起了椅子。我立马跑过去制止，可事情顿时陷入了僵局，双方拉扯着都不放手，也不理睬我的劝说，看来我在他们眼中还缺点老师的威严。最后在班长反复的劝慰和同学们的帮助下，两人终于休战，仇恨地看着对方。经过了解，起因也就是因为一支笔的归属问题，以及一点小误会。接连两次在我的课上发生这样的事情，我的挫败感油然而生。我决心一定要改变这样的情况，于是我开始了调查。班上孩子告诉我，现在已经算是

好的了，以前类似事件发生的频率更高。

接着有了第三次……

说实话，我还真没有处理过高年级这类事情的经验，加上初接班级，一切情况都不是很熟悉，他们好像也不怎么想理我。好吧！我告诉自己日久见人心，终有一天我会用我的耐心、爱心打动他俩。当然，作为老师也不能对学生的这种行为不作为，这是不合格的，还好我们有一位很机智的班主任，在她的教育和帮助下，这两位孩子很快就消除了误会，一直相安无事到现在。

我的反思：

作为一名老师，虽然我不是班主任，可我是一个德育工作者，班上出现这样的问题我应该及时处理，并采用得体、有效的方式、措施。事后，我深刻地检讨了自己，决心要学会灵活处理课堂上的突发事件，要多学习班主任的工作技巧，慢慢捡起已经被我忽略的心理咨询技巧。

最后，我决定要先了解这种现象发生的真正原因，从中找到解决问题的办法。于是，我开始慢慢策划，开始了解这孩子喜欢什么，怎么和他"套近乎"，怎么让他对我消除隔阂，怎么让他相信我会为他保密。从精心设计的"偶遇"到主动的谈心，从开始的不信任到信任，再到逐渐感受到我的真诚和关爱，慢慢地他开始给我讲起了他的家庭，讲起了学校生活、对人际关系的困惑，以及他的不开心。而我只是作为一名倾听者，耐心地倾听孩子内心的真实想法，不做任何评论。是啊！作为一名教师、一名心理工作者，此刻如何攻破孩子的内心世界才是重点，而不是一味的说教，一味去要求他该怎么做，那些他听得太多了。我只想扮演好听众的角色，让孩子感受到我的可信任，愿意与我进行进一步的沟通。在沟通中让孩子学会站在别人的角度想问题。

喜悦的收获：

此事以后，我在课堂上还是像以前一样，没有异样的眼光，没有特殊的照顾，一如既往地喜欢他、信任他。毕竟他是个要面子的孩子。总之，发挥他的长处，使之积极为集体服务，让他找到了正确的发展方向。这学期来，孩子依然表现得活泼可爱，令人不可思议的现象在他身上再也没有发生了，和同学之间的相处也更加和谐了。陶行知说："处处是创造之地，时时是创造之时，人人是创造之人。"我想，不管怎么样，有了大家的信任和关爱，他一定会沐浴在属于他的美丽阳光下茁壮成长！

美好的回忆
——"快板秀"上的风采

刘青竺

金秋十月,丹桂飘香,橘柚树又开始显现出秋意,摇曳亮红的茶花已为寒冬里的绽放准备了朵朵绿绿的花蕾。要想看到绚丽艳美的茶花,还需要我们慢养自己的心情,等到严冬,花苞由绿变为绿中带红,最后冲破重围在绿暗红稀中傲然挺立。六年级五班的孩子就像是这个季节里的茶花,而我则用冬天里的温暖守候着这群孩子的花期,帮助孩子们在懵懂的日子里留下最美的回忆。

在祖国母亲的生日里,看那五星红旗飘扬的美丽,红领巾在我们胸前更加光鲜靓丽。这是孩子们最后一年的红领巾生涯了,希望能给孩子们留下永恒的红色记忆。借着我校"快板秀"的和煦春风,我们班的红领巾舞动起来。在祖国妈妈十月的生日礼上,在五星红旗的号召下,我们红领巾为祖国妈妈送上什么样的礼物呢?我们这群朝气蓬勃的红领巾送给祖国妈妈最好的礼物就是——做更好的自己,做品行端正的红领巾。当这一切浮现在脑海里,我起身打开电脑,把这次十月的快板秀班级节目思路和内容做了及时的记录。在记录的同时,我担心班级里的孩子,能够在这短暂的时间里完成这次规模巨大、较为专业的《红领巾》舞蹈编排吗?在学习任务紧、排练时间少的情况下,学生能做好吗?

想到这些,我脑子里出现了一位个头很小、长着瓜子脸、五官精致、皮肤黝黑的小女生,她笑容甜甜的,老对着我眯眯笑,她是我们班里的劳动委员。前几天她站在讲台上向我们同学总结班级卫生工作时,无意间向我们倾诉衷肠:"刘老师和一般的老师不一样,她不只看学习。我们以前的老师只喜欢成绩好的同学,却连一个关爱的眼神都没有给我们学困生。"小女孩说到这里,嗓子像被什么捏住了似的,再也说不出什么来。只看到她用一双小手蒙着脸,侧着身子低着头弓着背不停地哭泣,似乎忘记了我们周围所有的人。教室里一片安静。我感到，我们的心连在了一起，大家悲心共鸣，我走进了那个小女孩的内心深处，其他人也是如此。同情孩子内心的挣扎、善良的哭诉，我的眼泪止不住地向下掉落。在这些学困生里，他们对老师的爱，爱得那么可怜、那么专注，而我们却没有给过他们一个眼神。我们怎么能让一颗种子一直生活在冬天？没有季节的交替，花园里的种子怎么才能够发芽开花结果？我想我能做的就是充当孩子们成长过程的陪伴者。瑞瑞在向我招手啦！"刘老师，我从来没有在学校参加过表演，我喜欢舞蹈，我让爸爸给我在外面报了专门学跳舞的舞蹈班，我学了5年了，我会跳……我很想去参加学校的活动，可我感到自己没有那些学习成绩好的同学做得好，你不是说要从小事改变自己，要勇敢面对害怕的事，我想给自己一点点改变，我想自己勇敢点……我要做自己想做的事，我要勇敢做自己，不一定是最好，但我想试一试……"瑞瑞趴在我身边的课桌上，一边说一边把自己沉浸在倾诉的话语里，好像是在给自己对话，又好像是给我这个大朋友分享自己的成长心路。……想到这里，我一点也不犹豫，决定给六年级五班的孩子留下最美的回忆——"快板秀"风采，哪怕很困难，只要我们努力试着去做，一切都会好起来的。为了让孩子们学舞蹈动作更简便、更容易上手，为了节约排练舞蹈的时间，我利用休息时间一遍一遍学习，在笔记本上记上音乐的节拍及与之相应的动作和队形，把舞蹈里几个重要的八拍组合反复练习，并在班里选了24人参加这次舞蹈活动。这支队伍由8名男生、16名女生组成，孩子们利用放学时间集体排练，回家还有相应的舞蹈作业，只为学好每一个动作，学会后同学间相互帮助、指导。对一些快节奏，我请来高珊珊舞蹈老师为我们指导。孩子们学得比我想象中要认真得多，也非常兴奋，欢呼雀跃。看着他们的小样子，我能理解他们为了自己的勇气、为了自己的专注、为了自己有一个新的开始而兴奋不已。我同样也为这群孩子们感到欣慰，他们得到了成长的体会。

短短两个下午，我们把一支专业舞蹈全部练习完成，的确很完美了，我也有些小窃喜。不过得让孩子们在彩排时碰碰壁吧！在彩排时，我们没有特意抠动作抠表情，因为我们的确也没有那么多时间。在彩排那天，参加表演的同学害怕了，舞蹈演员们不敢上台，脸上写满了胆怯的神情。站着准备的时候，手忙脚乱，不知所措；上台时低着头，好像受过责骂似的；抬头，不敢睁眼；睁开眼睛不知看哪里。最最让人心痛的是，跳舞总是往后靠不敢走向前，似乎告诉大家舞台前的中央属于那些比我们好的同学，我们永远都是他们的陪衬。我没有对他们进行责骂和怒吼，而是轻轻地走进学生中间，分享着人生中第一次尝试，分享着他们心中的胆怯和面对改变的勇气，分享着他们第一次彩排下来莫名其妙地哈哈大笑……等彩排人员里只剩下我们班孩子和段长时，段长用严厉的语调提醒孩子们彩排时出现的明显失误。孩子们看到这般情景，深知自己彩排时的失态，感到懊恼和自责。段长指出一些具体的改进方面，我们又重新彩排了一次，但我看得出孩子们更多的是失望和泄气，因为目前舞台上的表现并不是他们想要的，一种沉重的气氛笼罩了整个舞台。孩子们轻盈的身躯如同泰山般很难跟着音乐跳动，大家逐渐明白我们的节目很需要表演的功底，我们还需要大量的练习和枯燥的抠节目细节的动作和表情，必须在星期四展现完美的舞姿。那天，我们一个一个细节、一个一个表情逐个练习。为了克服舞蹈演员胆小的心理，我请来了班里的观众，给演员们壮胆子，给他们的表演录像，不停地把标准提升。在星期五"快板秀"的活动中，六年级五班舞蹈演员们欢快地与红领巾一起舞动，把观众带入我们舞蹈的语言里，而我们用舞蹈的形式诉说着红领巾的乐善，赢得了阵阵掌声。

  孩子们在表演中专注从容，下场时孩子们围着我舒展着一张张自信的笑脸，我的心中鼓动着圆满成功的幸福。我在一旁看着孩子们微笑，这是我对你们最好的陪伴。我深知每一颗成长中的心灵都需要关怀，在你们和我之间，有着属于我们的一支小乐曲，那是我们彼此的关怀和支持，也是我们最美好的回忆。

真诚融化壁垒　反思促进成长

肖　爽

在我作为新人刚刚接触教育领域的时候，学校的老师们就告诉我，一个老师一定要在他的执教生涯中当一当班主任，一个好老师可能不是一个好班主任，但一个好的班主任一定是一个好的老师。在我刚刚知道我要接任班主任一职的时候，在心里做出无数的设想：假如遇见不听话的孩子，我应该怎么办？假如遇见顶撞老师的孩子，我应该怎么办？假如遇见不按时完成作业的孩子，我应该怎么办？假如……假如……带着这一连串的"假如"，我见到了我的第一届学生。他们用陌生好奇的目光注视我、打量我，我想好的那些场景变成了一两秒钟的尴尬。在这种尴尬的氛围中，我开始简短地介绍了我自己，并在黑板上留下了我的姓名和联系方式，就这样匆匆结束了我们的第一次见面。离开教室以后，我相当懊悔，我认为这样的见面方式并没有拉近我和学生之间的距离，我也觉得这样的见面方式没有树立好一个班主任的威信。后来，我反反复复地想，也许在第一天，我应该告诉他们中学生的行为规范，也许在第一天我应该训练他们的常规，也许在第一天我应该多微笑，对他们说欢迎来到我们班……这是我作为班主任第一次见学生的情景，我的毫无准备让我错过了这一天许许多多的"也许"。虽然事情已经过去了几年，但是我仍旧会忆起当时的懊恼，而这份懊恼也不断提醒我，做事一定要做好万全的准备，这也是班主任这个职务带给我的第一个反思。

慢慢地，和学生们有了更多的相处以后，一个男生引起了我的注意，首先，他总是顶着一头卷发来上学，说实在的，这样的形象实在很难让我把他和好学生画等号。其次，他总是喜欢质疑老师的话。说真的，没有人喜欢在自己讲话的时候不断被挑衅、被打断。而且，他还总是在打扫卫生的时候逃跑，被我抓住以后，还理直气壮地告诉我，他已经付钱让其他人打扫卫生了。经过他这一系列"大错不犯、小错不断"的行为，我给他贴上了一个标签——问题学生，而且是一个油盐不进的问题学生。于是，我开始履行班主任的职责,在后面的时间里,我总是会盯着他不放,我会因为一些小事就让他进办公室,我会不厌其烦地向他说教,我会一次又一次地让他写检讨,我会三番五次地给他父母打电话进行沟通……渐渐地,我发现,我所做的一切努力好像毫无作用,他还是那个我行我素的他。

某天,他又犯小错误了,我当着全班同学的面对他大发雷霆,并罚他站了一天,接连着几天课上课下都不再搭理他。又过了几天,我的办公桌上多了一份他的检讨。我瞄了一眼他的检讨,字还是歪歪扭扭的,我心里又开始升起一股无名火。抬头准备扔掉检讨时,却发现他正站在门口盯着我。他走过来,对我说道:"肖老师,我字不好,但这份检讨真的是我一个字一个字认认真真写上去的,你可不可以先看完。"说完,他不好意思地看向其他地方。我看他扭扭捏捏的样子,也不好发作了,就耐着性子看完了检讨。检讨中的一句简单的话让我记忆深刻,他说他的行为习惯可能不好,但是他真的不是一个问题学生,也不想当一个问题学生,他只是不知道怎么去表达自己,他只是很多时候管不住自己。是的,我想没有一个人喜欢自己被别人贴上标签,没有一个人喜欢被人讨厌,没有一个人喜欢被人呵斥。看着他不好意思的样子,我开始反思我自己的行为,心想:也许第一眼时,当我看到他另类的发型,我就觉得他离经叛道、难以驯服,就已经开始给他贴上问题学生的标签了,而这是任何一个人都不愿意接受的。我看着眼前这个有点懵懵懂懂的大男孩,让他去照镜子,指着镜子里面的人问他:"你觉得镜子里面的形象好看吗?"他摇了摇头。我告诉他,我觉得好看。他诧异地看着我,我又接着说:"虽然好看,但是不太符合你这个年龄段的特征,你这个年龄段应该更加朝气蓬勃、阳光开朗,而你现在的发型会给其他人留下另外一种印象,那就是华而不实、社会气息太重,如果你换个发型,也许你整个人都会显得更加干净、有精神,更何况平头不是检验是否是真帅哥的最具说服力的发型吗?"听我这么一说,他咧嘴一笑,不好意思地挠了挠头。

经过这一次的沟通,我开始反思自己,在以后的教学中,我尽量注意自己的措辞,做到指示语明确清楚。同时,我也反思自己在和学生相处的时候,是不是一开始就没有认真地去了解过他们,明白他们的需要,清楚他们的心理活动。我只是通过一些外在的表现给他们下定义、贴标签,却从没有分析他们这些行为的内在意义,或者说没有分析造成这种行为的原因。在后面的相处中,我总是会先多方面了解,再对症下药。我也慢慢地体会到,班主任就是在处理一件又一件的小事中不断全面地看问题,不断

思考解决问题，同时，也陪着学生一起成长。

很多人都说，教师是天底下最有成就感的一个职业。因为，一个教师拥有了许许多多孩子宝贵的成长期，陪他们一路走过童年、青少年，同时，一个教师也在大大小小的孩子身上、心里留下了自己的影子。而我觉得老师和孩子是共同成长的，只要能做到真诚相待，不断反思，老师可以影响一个孩子，而一个孩子的真诚也可以让老师不断反思、成长。

关注差异，突出优点，注重引导

杨喜琼

时光飞逝，转眼间已经开学半个学期了。从第一次踏进教室的彷徨到现在的与学生融洽相处，充分领会了在这近两个月里担任班主任的各种滋味。

开学之初，刚到学校，对于有着近十年教龄的我来说，却一切都是新的。走进滨河，我是以一个新老师的身份来到这里的，要面对新的学生、新的环境、新的工作；而对学生而言，一切也都是新的：新的学期、新的班主任。刚接手新班级，了解每一位学生对我来说都是一次培训。虽然一直担任班主任，可是和过去面对的高中生相比，初中生的身心特点是很不一样的。于是，在开学之初，我提前做了一些准备工作。首先，通过网络查询了解初中生年龄段所具有的身心发展特点，了解共性和普遍性。然后，找到之前带这个班级的班主任和各科任老师，通过与他们的交流、沟通，了解这个班级的基本情况。在这个过程中，我掌握了有关班级情况的第一手资料。在我所带的这个班级里调皮的学生比较多，同学们学习的积极性不高，纪律和常规也不是很好，总体气氛比较散漫，班级的凝聚力和正能量都很不足。面对这样的班级情况，我真是非常忐忑。

深思熟虑之后，我决定用白纸心态来面对我的新班级，我需要时间来了解和判断他们。开学报到那天是我与学生的第一次见面，我在黑板上写下了这样的一句见面语：从"心"开始，重"新"出发。第一次见面，我从学生的眼中看到了好奇，看到了试探。我这样向同学们解读和介绍自己：我是新到学校的老师，是我们这个班级以后的新家长，也就是我们班的英语老师。我以前教的学生是比你们年长的高中生。所以，今天的见面语是我送给自己的话，也是我分享给大家的话语。让我们从内心接受新的开始，新的学期里让我们用心共同来打造一个新的班级团体。我告诉同学们：我会用白纸心态来面对大家。这是一个新的开始，不论以前你的表现如何，在我这里每个同学都是一张干净的白纸，你们可以重新来塑造自己的形象。而我更愿意，也相信我会看到你们最好的一面。当我说到这句话的时候，我明显感觉到每个同学的背都挺直了些。

接下来的时间里，我每天都暗暗观察着班级的动态，也悄悄留意着那些我之前了解的一些需要特别关注的"捣蛋鬼"。经过两周左右的试探，有些同学就按捺不住了，开始各种小调皮了。×××同学是一位精力特别旺盛的学生，每天中午午休时间，大家都在休息，他却怎么也睡不着，在座位上左扭右扭。刚开始他还能安静不说话，可是后来就开始找其他同学说话了，甚至在课堂上都管不住自己的嘴巴。几次提醒无效，我想我得想想别的办法了。通过和学科老师的交流，我发现这个同学特别喜欢数学，数学课上特别积极。于是我找他进行了一次谈话。谈话中我首先表扬了他数学课上的积极和认真，他听到表扬可是一脸得意。然后我进一步鼓励他说：你看你数学这么好，要是其他课稍微用点功，肯定也能学好。为何不上课认真一些，来个齐头并进呢！这次谈话之后，这位同学的课堂纪律好了一些，可是没坚持几天又还原了。于是，我只好给他换了一个位置，让他坐到前排老师的眼皮底下，并且在他周围都安排了纪律很好的学生。可这位同学还是老样子，喜欢找周围人说话，但几次下来，他却发现这些同学都不搭理他。其实我早就和他周围同学商量好了，让他自己退缩。经过一周的观察磨合，这位同学终于能在课堂上安静了。

正当我以为这个学生可以收敛并安静上课的时候，又一件事情发生了。一天，班上的一位小个子男生站在我的办公室门外哭。我走去一看，那个男生全身都是灰尘，脸上也是。经过调查，原来又是那位精力旺盛的同学和这位同学发生了冲突，还有其他几位同学也都参与了进来，一起围攻那位被打的同学。而这几位也正好都是平时班上精力过剩的同学。于是，我先安抚了被打的同学，然后又和这几位同学进行了沟通。他们一再说对方也动手打了他们，我问他们："如果你被别人打，你会怎样？"他们说："会还手。"我告诉他们自我保护是本能，但是你们先动手就不对。经过一番教育，几位同学都承认了自己的错误。于是我又耐心地告诉他们应该如何学会与人相处，学会三思而后行，学会换位思考。

教育是一个反复的过程，我们需要十足的耐心去面对学生的每一次犯错，甚至是同一个学生多次的重复犯错。半个学期以来，班级情况比我预

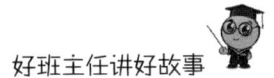

想的要好很多,却也始终存在着各种小毛病。然而对待学生我更多的还是用沟通疏导的方式,尽管效果来得慢一些,但它就像我们的国粹中医,不伤及其他的方面,并且孩子能在潜移默化中获得点点进步;又像是我们夏季使用的三伏贴,它的效果也许会要等到另一个季节才能显现,但它却印证了教育影响的持久性这个特点。

激励,班级管理的蜜糖

刘 颜

20世纪20年代以来,管理学提出了一种激励的管理方式,后来运用到教育中,形成了一种现代的育人方法,那就是利用激励策略来育人。而班主任在对班级进行管理时,采用激励策略无疑是一种好的方法。初中学生正处于青春期的重要阶段,状态不稳定,波动性很大,整个初中三年要想引导学生实现良好的发展,在合适的阶段和必要的时候采取激励策略确实可以取得很好的效果。

心理学家认为:"所谓激励,就是在刺激作用下,引起需要,激发动机,推动行为有效实现目标的心理过程。"在班级管理中,使用激励策略的目的就在于激发和调动学生的内在积极性,让学生努力追求自己的目标,争取目标早日实现。初中学生存在不稳定性,对于梦想或是目标很难完整坚持下来,这就需要老师、家长或是身边的同学在合适的时候加些蜜糖,鼓励其坚持下去。

本学期我带的是九年级的一个平行班,也是一个重新组合的班级。开学之初,我认真分析了班级和班级的每一位学生,我觉得在这样一个班集体里使用激励策略是必需的,也会是一种很好的管理办法。激励会是班级的蜜糖,让班级学生凝聚在一起,师生情、同学情更加浓烈。至于具体的实施措施,我做了以下的努力:

(一)认真分析班级,关注每一位学生。对于平行班级的学生,作为他们的班主任,我不能在学习成绩上过分要求他们一定要达到什么水平,因为他们或许考不到很高的分数,但是我可以激励他们在其他方面找到自己的闪光点,从而找到学习的乐趣,享受自己优点带来的光环。开学第一天,除了对学生进行收心教育,最重要的是在全班指出每一位同学展现出来的优点。哪怕是很小的一件事,班主任都要总结成适合这位同学的优点。我给大家准备了一封信。信上说道:"亲爱的同学们,欢迎加入到 Apple Family 来。快乐的暑假结束了,大家又回到了我们的教室里。看到一张张熟悉或者陌生的面孔，让我又想起了上学期的你们。小朱同学长高了，还记得上学期咱们班的门锁是你修好的，真的是一个手巧的好卫士哦！小曾同学已是我们学校的明星了，达人秀上你的舞蹈太让人震撼了。班长小杨同学甜美的歌声现在还回响在我的耳畔……"在这样的情况下，就需要注入集体的激励蜜糖，让所有的孩子都尝到蜜糖的味道，并且希望更加努力去获得更多的蜜糖。

（二）个人激励与集体激励相结合。每一周按小组进行操行分评比，包括按学习的常规表现进行综合评比。不管什么样的班集体，学风不容忽视，所以每一周的评比中要诞生一位班级学习之星和一位班级常规表现文明之星，设立专项奖励办法。而每周也产生优秀小组，设立专栏展示。结合班级文化建设，在教室外的班级展示板上规划出班级明星专栏和小组排行榜。凡是获得了班级明星的学生都可以榜上有名，这样不仅他们自身得到了鼓励，而且也成为班级中的好榜样。大家都说身边的榜样是自身发展的动力，所以在班级中树立榜样，可以更有效地鼓励其他学生不断进步。而小组排行榜可以展示小组风采，让学生体会到集体的凝聚力，获得一种集体荣誉感。每周的班会课是学生最为期待的，在这里，他们可以看到自己一周的努力是否得到了汇报，自己是否真的在努力，为集体争取荣誉。这是一位大组长的总结词："本组本周表现良好，和上周相比，所有的同学上课都表现很好，发言积极，作业质量明显提高。常规方面，卫生保持良好，但是课间操时有个别同学动作较慢，希望本周大家一起努力，表现更好。"组长会结合自己组的情况进行总结，使学生自己认识到自己的优点和缺点，班主任再结合班级的情况进行点评，激励学生将好的方面继续保持，把存在的问题及时改正，引导整个班级向良好的方向发展。

（三）物质激励和精神激励相结合。激励的形式是多样的，每次评出的榜样或是当学生得到肯定时，我们都应该有实际的激励。激励可以是一颗糖、一支笔、一个微笑，等等，这些都会是有效的。特别是精神激励，力量无穷。结合本班文化建设，学生们选出了班歌《水手》，在班会课上大家齐唱班歌的时候，班主任会感受到孩子们的那种集体荣誉感，感受到集体的力量是无穷的。班级巨大的凝聚力会让我们看到一个团结向上的班级。正如齐唱班歌一样，在大家朗诵《幸福成长宣言》的时候，学生们又是那么备受激励。或许有时候语言文字都是苍白无力的，但是在一种精神激励下，文字也好，语言也好，都像是一种特别的糖，学生们尝起来是那么的甜！"成长——我要成长，快乐健康成长比成绩更重要。乐观——我要乐观，每天发现一件新的美好事情，学会对压力说没关系。自信——我要自信，相信并发现自己独特的价值。超越——我要超越，只跟自己比，超越自己就是赢。感恩——我要感恩，珍惜身边人、身边事，每天想三个值得感激的理由。分享——我要分享，就像生日蛋糕，和你一起分享的人越多，快乐越多。宽容——我要宽容，原谅别人的无心之过。沟通——我要沟通，把自己的心事说出来，也做别人的开心果。关爱——我要关爱，和长辈交朋友，和同伴交朋友，和动物交朋友，和自然交朋友。赞美——我要赞美，帮助别人发现优点，也通过别人发现自己的优点。努力——我要努力，付出的汗水越多，得到的幸福越多。奉献——我要奉献，帮助别人能让自己更快乐。"每当学生们读到这段文字的时候，他们是那么的自信，在这些话语的激励下，学生也会在自己成长的道路上树立一些原则和参照标准，不会迷失方向。

（四）开展适当的活动，在活动中激励个人、激励集体。班里很多同学都有自己的特长，可根据班级的具体情况，在合适的时机开展有意义的活动，突出学生个人的优点，展示班级优势。在学期初，为了培养学生的自信和乐观精神，开展一次才艺展示活动，可以取得良好的效果。整个活动要引起师生的重视，进行充分的准备，还有事后的表彰与宣传。如九月我们班开展了"我自信，我努力"的才艺大赛。整个活动组织有序，效果良好，学生参与面广，都不同程度地受到了激励。

在成长宣言的指导与影响下，我们 Apple Family 顺利举办了九月"乐观、自信月"主题活动，主要是展示同学们的才艺，发挥自己的特长，找到自己的闪光点，让它照耀九一班这个大家庭！班会开始，我们大家深情地演唱我们的班歌《水手》，学习里面的那种精神！跟着动感的音乐，全场 high 了起来。不仅曾虓同学的舞蹈很棒，我们优优的舞步也不错哦！你准备好和我们一起来了吗？一阵激动过后，我们平复了激动的心情，安静下来准备听双簧。这双簧那叫一个精彩，尤其是黄宇同学，表情太到位了，引来了观众的阵阵掌声。下面是四个女生组合，这四位小姑娘的合唱也是很动听的哦！班长杨雪的歌声确实不错，看我们听得多么认真！在这个大家庭中，我们有很多的欢笑，我们自信，我们出色，我们快乐！We have a happy life in Apple Family!

活动结束后，我们还做了一份"我自信，我出色"简报。虽然是一份普通的简报，但是里面所有的文字、图片，以及整个活动都会像一颗蜜糖，激励着所有的学生。

正确地采用激励策略无疑是班级管理的好方法。激励就像蜜糖，让学生和班级都凝聚在甜蜜之中。而作为班主任，要想成为优秀的班主任，必须根据学生的需要，激发学生的内在动力，让其朝着自己的目标不断前进，从而真正达到育人的效果！

海燕湾

刘 丹

高尔基笔下的海燕勇敢、灵动，"在苍茫的大海上，狂风卷集着乌云"，当暴风雨在酝酿之中时，海燕早已按捺不住对暴风雨的渴望和欢乐，冲击于阴云和海浪之间，勇猛地叫喊。海鸥、海鸭、企鹅，或呻吟，或惊恐，或胆怯，而海燕却在热切地迎接新生。

看这儿，有一只小海燕……

他，聪明，长相乖巧，尤以一双丹凤眼来得深刻。他能以"好动"迅速让周围人熟知；被责备时，就爱埋着头，撅起嘴，眼睛望着人，那委屈的可爱小模样，常常弄得各科老师哭笑不得。每每向科任老师们了解班级情况，总能听到："哎，你们班那个小G哟，太活泼了……"

然而……

这一天，学校临时开了一次非常紧急的会议，我必须参加，也就不能带孩子们整队放学。我委托一位可爱的美术老师来托管班级，与该老师交接之后便匆匆赶往会议室。整个会议中，我还是非常担心的。担心美术老师管不下来，担心他们把教室里弄得乱七八糟，还想着要不在放学之时从会议中撤出，去看看他们。心里实在是放不下，拿起手机在群里给家长们交代了接放学的事情。也特别交代让家长注意接孩子的时间，毕竟这是周五，毕竟放学的老师对我们班不熟悉，毕竟他们还太小……

——"一！"

——"齐！"

——"二！"

——"放！"

…………

整队的口令已经响起，在远远的三楼学术交流厅也能听得清清楚楚。"呵，果然是周五了呀，这放学的热情真是高涨呢！"我心里偷笑着，真是一群毫不掩饰自己内心想法，有什么就表现什么的小可爱。我虽然人坐在会场里，却感受到了小朋友们期待周末的欢愉：他们向家人说着今天校园里的趣闻，构思着如何欢度周末……想着想着，不自觉的，心也飞起来，巴不得快点散会，下班，我也要跟孩子们一样，得快点感受周末的 feeling 倍儿爽。

终于散会啦，要下班啦！和孩子们待久了，在他们的影响下，我也时常将内心的喜表现于外！虽然没有欢呼雀跃，没有手舞足蹈，但我也是带着莫大的狂喜奔回办公室。瞟一眼，教室的灯灭了，打扫卫生的同学想必也都完成任务，高高兴兴回家了。虽然升级成为班主任也就短短的两个月，临走前检查一次教室的习惯可是养成了的。

这脚刚一迈进教室，就发现内墙文化栏边儿有个小黑影，着实把我吓了一跳。起初以为是哪个班的调皮鬼在这教室里玩躲猫猫，定耳一听，这小黑影还在呜呜咽咽地哭泣。把孩子拉到光亮处，原来是小 G，那双耐看的丹凤眼噙满泪水，应该哭了很久。

——"你怎么啦？"

——"我妈妈没有来！"

算算时间，从放学到散会，已经 40 分钟有余。小 G 见我来了，也不哭了，乖乖地等着我给他妈妈打电话。原来小 G 的妈妈来迟了，一直在"放学等候区"待着。我牵着小 G 来到学校门口，见到妈妈，小 G 同学一下子就扑到妈妈怀中，哇哇大哭。周围满是欢乐的人，可小 G 沉浸在妈妈温暖的怀中。对他来说，时间是静止的，周围的一切是空虚的，妈妈才是实在的。

回家的路上，我一直在思考：小 G 的妈妈因为工作原因，迟到也不是一次两次，前几次他都高高兴兴的，为何这次就那么不一样呢？家是到了，可问题还没想清楚。

回到家，我的宝贝女儿病了。不到八点，就要我领着她上床睡觉。因为生病的缘故，宝贝躺在床上一直烦躁不安，哼哼唧唧，让人看着心都揪起来。没有办法，我只好将她拥入怀中，把她的小脑袋贴近我的心脏，让她听听我的心跳声。都说妈妈的心跳声是安抚小孩的最美音乐，果然奏效，她不一会儿就睡着了。突然，我想起了小 G 同学，或许是这样的……

本次放学与前几次唯一的不同，是我去开会，组织放学的老师是小 G 根本不熟悉的。放学后，妈妈没有来，小 G 跟着老师和打扫卫生的同学一起又进到学校，这时小 G 应该还是很高兴，很期待。可是，渐渐地，同学跟着自己的爸爸妈妈欢乐地回家，学校里熟悉的人一个一个远去，教室由亮到黑，妈妈也迟迟没有出现。小 G 开始害怕，他似乎觉得被整个世界给抛弃了。此时，唯一能做的就是找个角落躲起来，一个狭小的空间是最能给人提供安全感的。是的，安全感！前几次妈妈迟到，同学们也都早早离开，可他也没有如这般反应强烈。那是因为我还在！一个还能如家人般给他安全感的人！

曾经一位专家问过，作为一年级的班主任，你能给孩子提供什么？如何让他适应校园生活？通过这件事情，我已经有了答案！作为班主任，一个德育工作者，孩子们学习生涯中遇见的第一人，我应该尽我所能给孩子们安全感！美国心理学家亚伯拉罕·马斯洛1943年在《人类激励理论》论文中提出，将人类需求像阶梯一样从低到高按层次分为五种，分别是：生理需求、安全需求、情感和归属的需求、尊重需求和自我实现需求。一年级的小朋友从充满安全感的家到陌生的校园，心理跨度太大，在入学伊始，有什么比建立安全感来得更重要呢？

高尔基笔下的海燕纵然狂风吹不散它的勇气，暴雨打不乱它的英姿，但再如何果敢、坚毅，它们终究也是会回到属于它们自己的温暖的窝。一年级的他们，是人生这片大海里翱翔的小海燕，能给他们提供"困难来临时，用微笑去面对，用智慧去解决"动力的是温暖的班集体——海燕湾！

不忘初心，方得始终

刘 檬

从大学毕业来到滨河便有幸成为一名班主任。在学校，班主任是和孩子们关系最亲密的角色，班主任就像孩子们的妈妈，特别是一年级班主任，要关注孩子们的衣食住行、安全以及健康。在每日的辛苦和操劳中，渐渐收获孩子们的信任和爱，这就是班主任幸福的成果。当然，最幸福的事莫过于孩子在你的悉心培育中，转变、懂事和成长。

班上有一个女孩叫小琪，在年级上也颇有名声。数起她做的让人无法理解的事情可是一箩筐接着一箩筐：喜欢爬围墙、爬栏杆、爬书架，学校里的栏杆都被她摩擦得闪闪发光；喜欢把垃圾扔到其他同学的座位上或者抽屉里；喜欢把别人的小东西揣进自己的兜里，甚至把老师发给其他小朋友的作业带回家，以至于有一段时间班上小朋友开始用异样的目光打量她，只要掉了东西，都会去找她要，尽管有时候并不是她拿的；喜欢在厕所打闹，甚至去抠关着的门，以至于一位女教师上厕所都有阴影；不走"寻常路"，文明纪检员记录的踩草坪的名单上永远都有她的大名……

遇到如此女孩子，没有多少经验的我被气得天天都是处于暴跳如雷的状态。其他班老师经常会打趣地问："哎呀，今天你们小琪没进办公室呢？"的确，最开始我能想到的解决方法就是把她请进办公室，语重心长地谈话，软硬兼施……然而她上一秒给老师保证得好好的，下一秒又在走廊上撒欢地跑起来，只留下头疼的我在后面扯着嗓子喊："你慢点，别撞着，小心啊！"

有一次，找到师父（指导我工作的优秀教师）吐了吐苦水。师父说："其实你并不懂这个孩子，你的偏见让你觉得她满身都是缺点。每一个孩子的表现都有深层的原因，我们做班主任的就应该去挖掘，想办法解决，这才是根本。否则治标不治本，就会出现坏习惯反复的情况。"我才发现，其实我不了解这个孩子，只觉得她爱动、爱跳，竟然没有去看她的闪光点。于是我开始慢慢走近小琪，上课下课关注孩子。平时还和她父母联系，了解情况。

小琪小时候和婆婆一起住,婆婆比较宠爱孩子,她小时候受到的宠爱较多,做事情随性。后来跟着爸爸妈妈住,家里有一个妹妹,孩子的天性使得她想去获得更多的关注,而采取的方式就是与众不同。孩子精力比较旺盛,做事情很热心很积极,关心同学,却不知如何去与同学相处。拿别人的东西也只是觉得好玩,或者是简单的恶作剧。

针对她的这些情况,我和她的家长联系沟通,为她设计了一系列方案。她有充沛的精力,就让她做一名管理员,下课她会积极地巡视楼层,有事可做她就没有时间去爬栏杆,有"公务"在身的她就没有心情去串楼层。虽然只是小小的监督员,但她知道她是被老师需要的,是优秀的,要做好榜样作用。她很怕让其他同学抓住她的小辫子,撤销她的管理员职位,所以每天都小心翼翼地坚持在岗位上。在管理的过程中,她学会了换位思考,明白了追逐打闹的危害,自觉地文明休息。有时候老师会请她帮忙管理图书角,她在管理的过程中发现图书破掉很可惜,她会轻轻地摆放整齐,并在其他同学拿书的时候,告诫他人要轻拿轻放。针对拿其他小朋友东西的习惯,我专门开了一堂主题班会课——"不是自己的东西我不拿"。我出示了几个小情景:① 我很喜欢同桌的卷笔刀,恰好下课的时候他不在,他的卷笔刀就在桌面上摆着,周围也没有其他同学,我把他的卷笔刀放进自己的书包里;② 我同桌下课的时候推了我一下,我很生气,我想把他的文具盒藏起来,拿回家,让他再也找不到;③ 我在走廊上玩耍,捡到了 100 块钱,周围没有同学看到,我连忙把钱捡了起来装进自己的口袋里。我让小朋友们讨论这种情况下该怎么办。我请了几位同学(包括小琪)给大家分享他们的做法。小朋友们都说不能拿别人的东西,如果自己喜欢可以跟爸爸妈妈说,自己买了才是属于自己的,拿了别人的东西,别人会很着急;我们捡到了东西要交公,不能自己拿着,不然别人会很难过;自己的东西要自己保管好,别人的东西我们坚决不能拿,如果要借用必须跟别人说清楚,并且一定要还回去……没想到,小小的孩子们能说出那么多的道理,我感到很欣慰。小琪也很坚定地告诉同学们别人的东西不能碰。站在讲台上的我看着她时而低头,时而看着表演的同学,我相信她会改掉拿别人东西的坏习惯。另外,我也和她的家长联系,每天及时清点孩子的物品,看是否有多余,问清楚来源,切断孩子藏匿物品的后路。连续两周实施下来,现在班上一片太平,孩子们都养成了拾金不昧的好习惯。

现在，小琪在班上不遗余力地贡献自己的力量，虽然有时候也会犯点小问题，但是已经和最初那个令人头疼的孩子说再见啦。每次想到她的进步，就会觉得教育真是一件神奇的事情。我要继续保持这份激情，做智慧的班主任，这样才对得起义无反顾的教育痴心。

不忘初心，方得始终。

静待花开

陈 玲

她，常常沉默不语；她，不喜欢交朋友；她，课堂上从不举手。总之，她是一个无比内向的女孩。我是不是可以改变她？在我们的教育中，或许孩子需要老师更多的热情和关爱，或许，我可以让孩子慢慢变得活泼外向。

每天我悄悄地观察孩子，发现这个孩子每天在学校的任务就是安静地坐在自己的座位上，不和同学一起玩，上课不举手，下课也只是静静地坐在那里做自己的事情。这一天上午第三节课下课，这个孩子坐在那里画一幅画，我悄悄地过去，弯下腰轻轻地问："××，你在画什么呀？"孩子不答应我，只是抬头面无表情地瞧了我一眼，继续低头画那张看着很潦草、很无序的水彩画。我没有离开，而是找来凳子坐在了孩子的旁边，"老师和你一起画，可以吗？"我摸摸孩子的头和蔼地问。她没有抬头看我，好像这个时候全世界只有她一个人。我再次尝试去接触孩子，我说："这个女孩的裙子如果涂粉红色可能会更漂亮。""不，妈妈喜欢穿紫色的裙子。"我想孩子的性格或许和妈妈有关系，于是我便又尝试接着问下去："那能不能告诉老师，你画的这幅画里有哪些人呢？""这是爸爸，这是妈妈，这是我。""哦，这是你们的全家福。"她好像有点伤心了，嘟着嘴说："妈妈很少来看我。"我再次问道："为什么呢？"她沉默了，我没有再接着问下去，我已经明白了，孩子的爸爸妈妈没有生活在一起，孩子内向的性格可能和这件事有密切的关系。

在之后的时间里，我每天都去和孩子聊聊天，孩子也不会像以前那样把我拒之千里，而是渐渐地和我做起了朋友，和我一起聊天，有什么事情她也会主动告诉我了。这一天，我拉着孩子的手，轻声问："××，我们可以做朋友吗？"她停顿了一下，接着点了点头。我打心底里高兴，她愿意和我做朋友，说明这孩子已经慢慢地把自己的心扉敞开了，也就意味着孩子接下来可能愿意和我分享关于她的一切事情。孩子确实慢慢改变了，后面我才了解到孩子的家庭情况，原来她爸爸妈妈离婚了，孩子跟着爸爸一起生活，还有新妈妈、弟弟，妈妈每个月来看孩子一次。在孩子心里，妈妈很重要，爸爸每天都很晚才回来。但由于爸爸妈妈关系不和，所以两人就离婚了，原本孩子的性格就比较内向，自爸爸妈妈分开之后，孩子的性格就更内向了，变得不喜欢和别人说话，也不喜欢和其他小朋友一起玩。

  在了解了孩子的家庭情况后，我每天都会抽出一些时间和她聊聊天。在聊天的过程中，我发现孩子说得最多的就是和妈妈在一起的日子，她说她非常想妈妈，想妈妈回家，想爸爸妈妈还有她在一起生活。当她说到这些的时候，她的眼眶湿润了。我拉着孩子的手说："××，你愿意老师做你妈妈吗？"孩子没有回答我，正当我要和孩子聊下一个话题的时候，她突然对我说："老师，我愿意。"听到这句话，我想，接下来我应该让孩子真正把她自己的内心打开，大胆地去接受每一个人。她是优秀的，她可以做到活泼可爱，所以我要给她妈妈一般的关爱，让她感觉这个世界上有很多人都在关心她。这一个月来，每天我都会把更多的关注投到这个孩子身上，和她聊天、和她做游戏，她的性格也慢慢改变，变得开朗了许多，可以和个别同学一起做小游戏，可以大胆地走进老师办公室，上课可以主动回答问题。虽然比起其他小朋友，她可能还做不到像她们那样天真活泼，但经过这一个月，她还是改变了很多，就这一点，从我内心来说非常欣慰。我帮助了孩子，作为班主任的我，用我自己的爱心、耐心和细心帮助了孩子，我很高兴。

  孩子在家庭中没有得到应有的温暖，没有得到应有的爱，所以孩子逐渐失去了应有的安全感，她只能封闭自己，不喜欢接触外界，不喜欢和其他小朋友打交道。作为班主任，就应该给予孩子更多的爱和更多的关怀，用柔情去感化每一个孩子。因此，不管是在班主任岗位上还是教学岗位上，我始终都相信对孩子充满关爱，更能让孩子积极乐观地学习、生活。这个孩子的教育个案，不仅让孩子学会了对我敞开心扉，也让我学会了怎么去和孩子敞开心扉。

  每个孩子都是一朵含苞待放的花朵，只要我们用心去浇灌，用心去呵护，用心去培养，那么他们都会开得很灿烂、很鲜艳。让我们用心浇灌，静待花开！

榜样的力量

李红梅

言传身教是德育教育的重要手段，但班主任在德育教育中好像言传得多，身教得少。言多就难免唠叨，唠叨必生厌恶，教育效果适得其反。好的老师，不仅要以身示范，更重要的是要发掘孩子身边的教育素材，这就是班级的榜样示范。

记得刚接一年级时，班上 54 个孩子就是 54 只调皮的猴子，按下这个又跳起来那个；54 个孩子就是 54 只鸭子，你方叫罢我来喊，一天到晚不消停；刚下课到办公室休息一会儿，德育处就打来电话，叫我去领孩子，什么疯跑打闹的、什么乱翻图书架书籍的，什么乱扔垃圾的，不胜其扰。最严重的一天接到德育处三次电话，领回 9 个孩子。影响最坏的是有几个孩子下课向旁边的幼儿园扔石头，存在极大的安全隐患，其中还有一个是女生。我的第一念头就是把他们的家长找来，当着家长的面对孩子批评教育一番，这不是班主任的老办法嘛！然而打完电话，我静静地想，批评固然能刹住孩子们一时的顽性，但对孩子的长远发展好吗？我想到班上一个叫小梦的女孩子乖巧懂事，何不让小梦给孩子们做个示范呢！于是，我立刻找到小梦，把教育的任务布置给了她。下午孩子们的家长过来，我先检讨了自己，是我没有给孩子课后文明休息做示范，接着我请小梦讲解她课间是如何安排的。小梦说："我首先准备下堂课的书本，然后上厕所，再和同学聊天或在操场跳绳、踢毽子等，疯跑打闹容易受伤，《弟子规》中说'德有伤，遗亲羞；身有伤，遗亲忧'，所以我下课都是文明休息，不伤害别人，也不伤害自己。"对于小梦的发言，我要求家长和孩子一起用本子记录下来，让孩子们观察小梦是否是这样做的，并对照一下自己，看自己做到了没有。从那以后，我发现犯错的孩子和被表扬的小梦都以当初的话语来要求自己，小梦以自己能成为孩子们的榜样而自豪，更加严格要求自己，几个孩子越走越近，他们父母之间的交往也越来越深。渐渐地，我发现这几个孩子变了，不再调皮捣蛋，懂得帮助别人、尊重老师了。尤其是那个女孩，二年级时，她完全变了一个人，不管是行为习惯还是学习态度，都和被表扬的小梦很像，甚至连书写也有点类似了。要说对这些孩子的教育，我起的作用真的很渺小，这应该是小梦的功劳吧，古语说：蓬生麻中，不扶自直，近朱者赤，大概就是这个道理！

  有了这件事的成功经历，我开始崇尚榜样的力量，发掘班上一些可以作为榜样的孩子，也开始试着给班上的孩子结对，发掘他们之间的共同爱好，让他们有共同追求，相互影响。我记得班上有两个男孩子小豪和小臣，他俩特别喜欢足球，一起参加足球队训练。小豪经常不完成作业，问他原因，不是说踢球太晚，没来得及做完，就是说踢球累了，一觉醒来忘了。一听就知道是学习态度出了问题。反观小臣，不仅球踢得好，学习也没落下。我当下就想，何不让小臣和小豪结对互助呢？于是，我找到小臣，问他是怎么兼顾学习和踢球的。小臣说虽然他喜欢踢球，但当初爸爸给他立了规矩，每学期考试有3次低于90分或3次不完成作业，就取消踢球的资格。听了小臣的话，我若有所思，找来双方家长，把这个规定讲给小豪家长，以此督促小豪学习，并帮助两个孩子结成足球学习共同体。没想到效果还真好，小豪以小臣为榜样，不懂就问，小臣也时时提醒小豪，上课要专心。两人不仅关系越来越好，学习上也同进步，共发展。这再一次证明榜样就是最好的老师。

  一二年级时，有些家长帮着孩子扫地，三年级时，我让孩子们独立完成教室卫生打扫任务。这时我发现孩子们扫地的动作特别慢，每次都要扫好久。对此，我也批评了、指导了，但效果还不明显。一天下午，4：30放学，值日生打扫到六点钟还没扫干净。第二天早晨朝会，我和同学们约定，中午来一场卫生打扫比赛，老师一个人打扫两个组，你们两个人打扫一个组，看谁扫得快？一说到比赛，孩子们还真来劲，大家都拭目以待。到了中午，学生吃完午餐，我们的比赛就开始了，先打扫纸屑，再拖地，接着擦拭桌椅，最后摆齐桌椅，两组收拾完，不到15分钟。事后，我让同学们对照老师的扫法谈看法，同学们反思了以前扫地的方法不对，有的先拖地，结果纸屑粘在地上，扫不起，耽搁了时间，等等。经过我的示范及学生的总结，扫地拖拉的情况得到了好转。还有一个孩子后来告诉我："李老师，看了你那次扫地，我才知道扫地要先把桌子挪开,那样好扫一些……"我恍然大悟，原来不是他们扫得慢，而是他们没有找到扫地的方法！真应该早点给他们做示范的！

  这样的事例，我在家长会上也给家长宣讲过，对此，小羽的家长深有体会。新学期开始,刚发了新的教材,小羽向来爱惜书本,放学后拉着妈妈去买书皮,小羽选择了一个印着卡通人物的书皮。妈妈提醒他,卡通书皮上的图案把书名都遮住了,影响使用,建议还是选择一个没有图案的素色书皮。小羽不肯。妈妈说,你是班长,要给班里同学做榜样哦。听了妈妈的话,小羽毅然放弃了卡通书皮。由此可见,榜样示范不仅是学校教育的重要手段,也是家庭教育的重要手段。

现在,我愈发感觉到榜样的力量,有时候,不需说太多,榜样可以告诉你一切。所以,老师们,擦亮自己的双眼吧,尽心去发掘班上的榜样,智慧工作!

教育不是注满一桶水，而是点燃一把火

郁 雯

"教育不是注满一桶水，而是点燃一把火。"这是我一直以来喜欢的一句话。作为只有一年工作经验的新教师，我初来滨河也就两个月，来到学校后得知要负责五年级两个班的数学课和一个班的副班主任的工作，压力是无比的大。但想想领导的安排，应该是有其道理的。

2016年8月29日，开始新学期的报名工作，踏进教室的那一刻，看着60双眼睛，心情无比激动。简单地做了自我介绍后，又说了一些要求。到了中途休息的时候，孩子们有说有笑聊着暑假发生的趣事。一个孩子来到了我面前，很自豪地把暑假他写的数学调查拿给我看，他调查的是滴滴、优步和易到这几个网络约车软件的好处。每个公式用字母表示，也有各种算式。当时我就觉得这个孩子对数学的热情太高了，虽然他的算式里面有很多不等式的计算，这些应该都不是他学习过的。然后他跟我聊了很多，他怎么去调查的，谁教导他的。就这样，我算是对班上的一个孩子了解了。

9月1日开始正式上课了。这个孩子依然是很积极，在几次上课后，我发现他上课的时候爱讲话，同学在回答问题的时候，也是一个劲儿地自说自话。上课说话，被我批评了以后还是不改正，有的时候甚至和老师同学争吵。可以说，开学初对他的那些好印象差不多都磨没了。从其他孩子、老师那里了解到的情况就是，他一直都这样，好动、好说话且自信。

后来有几次，我找他聊过，他每天也爱跟我分享一些他在补习班学习的新知识。我就觉得这样的孩子不应该变成所谓的不听话的孩子。但在此后的一次测试中，我对他的看法又发生了很大的变化。那天我们进行一单元的第二次测试，一单元学习的是小数的除法，考试的计算量确实有点大。一开始其他同学都在认真做的时候，他也在做，后来我发现他不对劲了，做着做着就开始发脾气了，甚至发出一些怪声音影响其他同学。当时我严厉地批评了他，他反而变本加厉地把试卷揉成了一团。见此，我说不想做就先休息一下，先把情绪调整了再做。突然间，他号啕大哭了起来，后来

考试时间结束了,我把他叫出来,问了他情况。他情绪依然很激动,嘴里一直在说,天天都在考试,天天都在考试。我只好让他把情绪调整好了,再细细跟我聊。原来,这几天他在补习的时候也一直在考试。补习班考的是一些奥数题,对于他来说很有难度。再者,他的胜负心很强。我慢慢开导他,他不停地跟我讲他的困惑,父母同学都觉得他是一个不听话的孩子,可能在家妈妈对他也很严厉,他受到的夸奖很少,导致他自己很想证明自己。当考试遇到难题,又难以计算,一下子情绪就失控了。我得知了这个情况,细心地对他说,要学会适当调整自己,当自己觉得累了、厌烦了,可以稍微停下来,然后调整好了,再开始。也谈了他上课时存在的纪律的问题,他也表示以后愿意多站在别人的角度来认识问题。后来的几次课上,他确实有变化了,也改正了很多坏毛病。

其实,经过这个学生的事情,我觉得很多时候我们不能从表象认识一个人,特别是孩子,他们也有很多自己的想法和认识。能看到他们的一点点进步和改变,对我来说真是莫大的鼓励,也让我更加坚定地走这条教育之路。

"知我者,谓我心忧;不知我者,谓我何求。"有位诗人说:"教育不是牺牲,而是享受;教育不是重复,而是创造;教育不是谋生的手段,而是生活本身。"教师的一生不一定要干成什么惊天动地的伟业,但它应当如百合,展开是一朵花,凝集成一枚果;它应当如星辰,远望像一盏灯,近看是一团火。应该庆幸,我在教育中享受着生命,和学生一起成长,采摘到了一路的幸福体验。

生活中许多微小中藏有博大,短暂中孕育永恒,而教育就是这样一种职业,老师的一个眼神、一个抚摩、一个微笑,都是伟大的爱的力量。"教育不是注满一桶水,而是点燃一把火。"只有点燃了学生心中的火,才能真正领悟到教育。

特别的爱给特别的你

高珊珊

这学期一年级新来了一位小朋友——果果同学。由于他处于幼升小的转化期，所以在诸多方面还有很多不适应，外加上性格有些偏执，脾气稍微暴躁，难以管理。记得刚进校门没几天，他就发脾气而且很任性，着实把我和同事都吓了一跳。那是一天放学前，我让所有学生整理书包，大部分学生又快又安静地做完了一切，而他却在那儿旁若无人地说话。于是，我批评了他几句，谁知他一屁股坐在地上，用恶狠狠的目光瞪着我，无论我怎么软硬兼施，他都视而不见、听而不闻。我实在气不过，动手去拉他起来，他变本加厉，不但极力摆脱我拉他的手，还不停地把自己的脑袋撞向桌角，出现自虐倾向……面对其他被惊呆的孩子，我又急又气，可又无可奈何，只好去搬来救兵，请学段老师帮忙，合力制止了他。

后面几天我还在课堂上发现，只要稍有不顺心的事，他就很难控制住自己的情绪，上课对老师的劝说教育置若罔闻，受了批评，就跟老师怄气；在学校谁不小心碰到他，就会对谁乱发脾气。总而言之，就是喜欢发脾气。而且，他还有个特点，如果犯了错误被人指出来，一定要找一个借口，比如，学校举行拔河比赛，我们班输了，两边参赛同学都已经放下了手中的绳子，可他仍旧手握绳子瞪着对方，手里还在不停地拔呀拔呀，不肯承认这个事实。其他同学上去劝说，他不但不领情，反而向他们挥动拳头，弄得双方剑拔弩张……这样的情况让我作为他的学科老师和班主任老师很懊恼，希望能通过一些方法来改变他。于是我去图书馆看了一些关于幼儿心理和行为的书籍，书上说研究发现，许多小学生由于情绪的自我调控能力较差，冲动性较为明显，因此常常在不该发脾气的时候发脾气，因为一点儿小事就会相互打起来，因为父母的某些做法不够合理而冲他们大喊大叫……在日常生活中，引起愤怒的原因很多，每个人都不可避免地会产生愤怒的情绪体验。愤怒是一种有害的情绪状态，常常会给人带来意想不到的麻烦，如同学关系疏远、师生关系紧张，而且长期、持续的愤怒对个体的健康损害也是极大的。过度的愤怒甚至还会使人丧失理智，引发犯罪或其他后果，因此控制愤怒的情绪十分重要。

在对果果进行多次观察后，我将该生的表现反馈给每天来接他的奶奶。从他奶奶的口中我了解到，果果从小由爷爷奶奶带大，直到现在都还是和他们一起住，而父母远在外地打工，无法顾及孩子。即使难得回来一次，妈妈和奶奶也会因管教方式的不同而产生分歧。父母难得见孩子，对他比较溺爱，对孩子的要求有求必应，顺其自然。而奶奶对孩子的要求比较高，平时批评指责多一些。也许就是因为从小在这样的环境中成长，才造成孩子和家长、老师一言不合就要发脾气的局面。他总觉得老师和奶奶的一些劝告是对他的限制和不公平，因而存在明显的暴躁对抗心理。面对这样的孩子，我满怀同情和怜爱，希望自己能做点什么帮助孩子。

从那以后，我经常在空闲的时候喊他到我的办公室，和他聊天，给他讲他爱听的童话故事。在有的故事中就穿插一些寓言道理，从而让他明白一些事理。听了那些故事，孩子的确变得比以前懂事很多。为了增强他的自信，音乐课上，我会经常请他唱歌，有一次他除了声音有点小以外，完整又很有节奏地唱完一首歌曲，我立即表扬了他，夸他的声音好听、节奏感好。慢慢地，他唱歌的声音大了起来，回答问题也充满了自信，在其他的课堂上也非常积极主动。但是很多时候，还是发现他不怎么喜欢交朋友，总是独来独往。有一次我见他中午吃饭的时候忘记了带饭盒，奶奶又不方便给他送到学校，我就问了问班上的学生谁有多余的饭盒可以借给果果。结果有很多很热心的同学争先恐后地将自己的饭盒借给他用，这时我发现果果的眼神在闪烁，好像是没想到平时自己疏远的同学现在反而都很热心地在帮助自己，最后他借用了同桌的备用饭盒。通过这件事情，他知道了同学之间都是非常友好、互帮互助的，也愿意主动地和别人交朋友了，还经常去帮助那些需要帮助的同学。慢慢地、慢慢地，果果发生了很大的变化，性格也变得开朗起来，在班里不仅表现出友好、团结，成绩也很优秀。

看着他这样慢慢地改变，我也感到极大的欣慰，我想，我们接触的每一位孩子都有自己独特的一面，只要用心教导，赋予其特别的爱，就一定能够成就特别的"他"！

我的家访故事

陈国平

沟通才能加深理解，合作才能增进共识。家访是学校和学生家庭最主要的沟通方式，也是班主任工作中非常重要的一环。家访，对于我们教师来讲，并不是一个陌生的字眼。何为家访？顾名思义，就是教师主动到学生家里去，就学生的学习、思想、心理等方面与家长进行沟通、交流，从而促进学生身心健康成长的教育行为。作为一名新班主任，我把家访作为开展班级工作的一个重要抓手，尽量取得家长的支持，及时与家长交流信息，从而更好地管理班级。

自9月份我接手班主任工作后，就陆陆续续开展了我的家访工作，对本班的部分学生进行了家访。家长对教师的来访表示了很大的热情，他们说这样的家访活动十分有必要，他们平时就想与教师多见面，但苦于工作太忙、时间很紧等原因，很少有时间到学校与老师当面沟通，互通孩子在家与学校的信息，对于自己孩子在学校的情况也不太了解。现在教师能上门家访，可以与班主任老师面对面交谈，了解到自己的孩子在学校的情况，觉得十分高兴。在家访活动中，家长反映最多的问题就是与孩子的沟通很难。家长们谈到，孩子现在的语言辩解能力超过了他们，时常让他们感到无所适从。其实出现这样的问题原因有很多，主要的有：第一，现在的孩子性格更加独立性，特别是进入初中之后，青春期心理正在发生巨大变化，又不太愿意跟父母交流，久而久之，父母与孩子之间就产生了隔膜；第二，很多家长总是把学习成绩作为谈话沟通的主题，家长有心要帮助孩子搞好学习，但是苦于自己知识能力或水平有限，并不能直接辅导孩子学习，只能反反复复跟孩子说那几句话，很容易引起孩子的反感。而对于孩子的不良表现，他们也办法不多，这一现象在走访中十分普遍。

学生小A，老师向家长汇报该生在校表现：该生是一个非常文静、非常踏实的女孩，学习态度很认真，每次作业、考试都让老师很放心，做事很稳重，老师布置的任务都很出色地完成，但该生不擅长表达，上课很少回答问题，在班级里显得比较孤僻。初中是一个学生心理发育的重要阶段，也是一个容易出问题的年龄段，对此我非常担心。在我与孩子多次交流中，孩子逐渐向我倾诉她的一些心事，她表示父母平时对她要求很多，比较严厉，只关心她的学习成绩，较少关心其他方面，这让她感受不到父母的爱。与其他孩子相比，她觉得她自己生活得比较枯燥乏味。针对此情况，我对孩子进行了多次开导，让她明白父母的严格也是一种关爱，当然这种方式还需要多加改进，我也会与她父母沟通这些问题。

  经过这次家访，我把上述问题与家长进行了深入的交流，家长对此比较认同。在交流中，我感受到父母在平时对孩子的学习成绩要求过于严格，对孩子的行为习惯约束很强，造就了孩子现在这种沉默内向的性格，家长与孩子之间的交流极少。对此，我向家长提出了一些我的想法和观点，取得了家长的认同。家长表示以后会多多与孩子谈心，除了关心学习，也要多关心孩子的身心发展，让孩子的性格更加阳光一些，在生活中多一些微笑。

  经过一段时间以来的家访，我感到现在家庭教育中存在着这样那样的问题。走访下来，我发现班中部分家长经常忙于工作，回到家时孩子都已经睡了，见面时也只是随口问一声"某某，你作业做完了没有"。在家访中，还遇到有几位家长不在家的情况。因此，家长应多花点时间陪陪孩子，与孩子多多交流，让孩子知道父母对他的关心和重视，体会到父母的一片爱心。再者，也要有意识地让孩子有点压力。现在的孩子很多都是独生子女，生活条件比较优越，家长对孩子宠爱有加，只要孩子开口很少有不答应的。家访中发现，有些学生花钱大手大脚，真是"不赚钱不知赚钱苦"。让孩子吃点苦并不是一件坏事，多让他们做一些力所能及的家务，对于孩子的需求也不能百依百顺，有时候也要学会适当的拒绝。

  做好班主任，理应重视家访工作，家访是一座连通学校与家庭的桥梁，也是为促进孩子更好成长搭起来的桥梁，希望以后能把这千千万万座成长之桥搭得更加平坦坚实。

青翠的心

柳 袁

太阳升了又落，静悄悄的，时间的长河匆匆流过生命的平原。在令人恍惚的弹指一瞬间，终究还是没能抓住时间的尾巴，仅剩一点时间来缅怀与孩子们共同度过的美好时光。

作为一名老师，同孩子相处的时间总是多的——但其中的细枝末节仍能细数。偶尔看见蓝色天空忽的转浓了，犹如美丽的青瓷器，好似孩子们清澈善良的眼眸。这时对孩子们的思念就犹如一间装满回忆的屋子，吱呀的老木门就像那沧桑而沉默的眉眼，絮叨着旧事。小院里湿润的青苔在细雨中生长成黛色，见证着我们之间的故事。

又是一年开学季，一个个稍显稚嫩的孩子在课桌前正襟危坐，听我讲那初中课程的重要性；一个个早晨，孩子们背着书包一路小跑着进入教室，翻开还未来得及背诵的单词，交出混合着汗水的作业本；面临考试前沉重且紧凑的复习任务，孩子们就像一只只不愿意回圈的羔羊，有着仿佛即将被宰割似的惊慌；再到分别时，我实在不忍看孩子们眼中早已缀满的泪水——

真是些青翠的日子。

也是一颗颗青翠的心！

记得那年细密的阳光清净了云翳，九月末秋风转凉。孩子们真是初生牛犊不怕虎，各个都对运动会的各种项目跃跃欲试。因为孩子们的态度积极万分，所以我也更加急切地盼望运动会的到来。这时的孩子们在绿茵场上更似弦上之箭，只待弓满。最令我印象深刻的便是径赛中的项目——一声令响，跑道上的运动员各就其位、蓄势待发，由于名额有限所以没有参加项目的孩子自然不甘心，紧随其步伐在跑道外跟了上去，一边跑一边为运动员加着油。别看这时候正在比赛的是男孩子，柔弱的女孩子们却出乎我意料地也在陪跑。听着孩子们的呐喊声、助威声，我不禁感到欣慰：这样一个有集体意识的班级，这样一个团结的班级，就好比危难之中的蚂蚁

群，他们可以抱团出火逃出困境，亦可以在安乐之时分工明确。

我以为我看惯了别离恨天，我以为我见惯了冬去春来，但是我没有想到在那骄阳似火的夏日里，我看到了孩子们的一颗颗赤子之心。

当夜色犹如深粉色胭脂一样被捻开的时候，星星点点万家灯火，这是夜的静谧，也是记忆在流淌。我愿孩子们在壮丽的江海河山面前不论遇到什么艰难险阻都一如那个浓郁的初秋午后的英勇，一如那赛场上他们身姿矫健地跨过巍峨的高山，跃过深不见底的沟壑。

我愿做冬晨的一场白雪，庇护一颗颗幼嫩的种子来年破土——我愿做他们的养料，使他们茁壮成长；我愿做一名春阳之下的园丁，为一朵朵娇花解渴——我愿他们能够充分汲取知识的雨露，早日成为支撑祖国的参天大树；我愿做接天莲叶无穷碧，为一遛遛二尺金鳞的鱼儿遮阴——我愿他们平安成长，早日成为父母的骄傲；我愿做秋风中的果树，结满人生经验的果实给孩子们采摘——我愿他们少走弯路，在人生大道上一路畅行。

孩子们让我一再感到欣慰，感到骄傲。

当我再回顾过去陪孩子们走过的点点滴滴，当黄昏再次洒满旧日的教室，当次年运动会如期举行，也都无法寻回当时心怀的激动和温馨。当时的他们羽翼尚未丰满，就像四月未臻茂密的树叶，如今时光如白驹过隙，今朝别离，我由衷地祝愿孩子们前程似锦，勇攀人生高峰；愿你们的青春多彩，愿你们永存赤子之心。

真是一颗颗青翠的心。

"两个"故事

蔡玉明

又一届班主任工作完成，几多辛苦，几多欣慰，酸甜苦辣甜掺杂其间。然而见证了学生的成长，这些付出都是值得的。

（一）

作为初中班主任，和学生的关系更像朋友一样。他们有更多的迷茫、更多的困惑、更多的压力，需要倾诉，需要理解。

我们班小A同学，聪明伶俐，做事干脆利落。但她比较敏感，情绪容易受到外界的影响，情绪化很严重，严重到影响了学习。她有两个特别要好的朋友，常常无话不谈，就是我们常说的闺蜜。一天中午午餐的时候，我发现教室里有一个人趴在课桌上，好像还在抽泣，原来是她。仔细询问之下得知，她和一个闺蜜闹了矛盾，昨天约好了一起回家，结果那个同学先走了，今天来了要她闺蜜解释，闺蜜却不理她。通过交流，我告诉她，每一位学生心里都希望有一份真挚的友情，不被忽视、冷落和看不起。但也要站在别人的角度思考问题，或许是因为别人有特殊的事情需要先走，或许是因为要别人解释的时候说话语气不好让人生气。友谊需要相互体谅，互相留点空间，这样的友谊才长久。一席交流，打开了小A的心结。以后她也经历了一些类似的问题，但都圆满地解决了，学习成绩也稳步上升。

九年级这一年学习很紧张，小A明白自己的目标是考高中，在成绩方面还需要有很大的提高。小A的父母对她期望很高，经常给我打电话交流小A的学习情况。她的父母很负责，但我作为一个和小A有过接触的老师，明白小A并不是很喜欢她的父母，小A一直认为她的父母不了解她，甚至一点都不爱她。我和她交流了很多，也和她的父母进行了沟通，但效果不是很好。我很苦恼，因为我一直在想我应该怎么帮她，帮她放下身边所有的事，以便这一年集中精力好好学习。前段时间，我们进行了月考。小A考得不是很好，B卷只有三分。她看着只有三分的B卷，眼泪在眼眶里打

转，很难过地说："蔡老师，对不起，我又让你失望了。"我是多么感动啊，这样的学生怎么会让我失望？这次考试后，小 A 天天都要提问题，学习很努力。我感到很欣慰。

（二）

记得七年级刚入学时，我们班里有一个性格比较强硬、爱争强好胜的女生，权且叫她小 L 吧。小 L 对班上的同学十分不友好，经常排挤同学。如果有同学惹到了她，她还会动手打人。当时班上的很多同学都不喜欢她。她在学习方面也很不理想，经常不交作业，上课跟老师顶嘴。我跟她原来的班主任和科任老师进行了详细的了解，原来她父母关系不好，常常当着她的面吵闹，甚至有时还把她当作出气筒。在她七岁的时候，父母离异了。她跟着她妈妈一起生活，而她妈妈平时根本就不管她。久而久之，她对任何人都充满了恶意，渐渐地以这样一种方式保护自己：为了不让自己受伤害，而选择对其他人凶一点。

知道了这些，我决定私底下找她谈一谈。当我找到她时，她是十分不情愿的，对我的态度也十分不好。她问我是不是觉得她是个坏学生。当她问出这样的话时，我的喉咙哽咽了，她似乎知道班上的同学们不是很喜欢她。我回答她说，在老师的眼里，你们都是一样的，都是我的学生，没有好坏之分。每个人都有缺点，知道自己的不足，逐渐改正，就是好学生。我还告诉她，我们全班都知道你并不坏，其实还是个热心肠。有个同学脚受伤了，是你背她上下楼梯的；办黑板报，你积极参与，自告奋勇写字。说着说着，她突然一下就哭了出来，她告诉我她自己也不想变成这样，可是她怕自己被欺负，她怕同学知道她的家事，会嘲笑她。我告诉她这不是她的错。她哭得更厉害了。通过交流，渐渐地她的情绪稳定了下来。

从那次谈话以后，我明显看到了她的改变，她开始慢慢和同学们接近。过了两个月，我找到她，她笑嘻嘻地告诉我，同学们真的对她很好，说完她就走了。现在这个同学的成绩已经提升了很多，经常拿着本子要老师出题给她做。在生活中，她遇到什么麻烦，也会第一时间告诉我，我也会尽自己的全力来帮她解决。有一次，她告诉我，她的目标是中和职业中学，专业是幼教。我在心里为她祝福。

总之，我热爱这群孩子，我喜欢并珍惜和他们在一起的美好时光。

我的教育小故事

王利琼

教师节这天的朝会课上,我告诉孩子们:今天是第 31 个教师节,希望孩子们用饱满的精神上课,积极回答老师的问题,让每个来我们班上课的老师都能感到轻松愉快,并要真诚地祝福老师们节日愉快。孩子们都用洪亮的声音回答说:"好,一定听老师的话。"

可是第二节英语课上,小 F 在课桌底下玩玩具,被刘老师发现,并对他进行了批评教育。他不但不听,反而与老师争辩。老师让他站起来,他竟将玩具狠狠地朝老师摔过去……

知道这个情况后,我心里非常难过。我叫来孩子的家长进行了长达两小时的谈话,对孩子的情况有了较多的了解。孩子妈妈说,孩子四五岁左右发现眼睛视力很不好,经常说眼睛疼,到医院检查说是青光眼,医生说生气或者发怒眼压就会升高。从家长口中还知道孩子爸爸脾气不好,以前对孩子很凶,孩子只要犯错就会挨打。后来,知道孩子眼睛有问题不能生气发怒时,家里注意尽量不让孩子生气,很多时候由着孩子,慢慢地养成了很多坏习惯。

了解了这些情况后,我思绪万千。是的,对于这个孩子,我虽然只教了他半个学期,但我明显地感觉到,对他的教育应不同于一般的孩子。于是我送走了孩子的家长,并再三嘱咐:回家先不要提起今天发生的事,等我这边有教育效果的时候,家长再介入教育。因为我从孩子们口中知道,学生在学校犯了事,班主任老师立刻就找家长的做法,是孩子们最怕的,也是最反感的做法。

送走了家长,我就找小 F 谈心。我想了很多办法,心平气和地给他讲了很多道理,让他充分认识到他的错误,再对他进行批评教育。孩子终究是孩子,最终他还是觉得自己确实错了。他低着头,红着脸说:"老师,我错了,您让我去给刘老师道歉好吗?"

诚恳的道歉算是了结了此事,刘老师也用发展的眼光看待孩子,告诉

他,只要改了,老师还会像原来一样喜欢他的。

事情虽然过去了,可我对他还是不放心,他逆反的毛病不知何时又要再犯。于是,我给任课老师们一一交代:这孩子有些逆反,身体状况不允许他经常生气、发怒,教育他要顺着来,不要硬上……

各科老师们也都很注意,小F的表现也还正常。可没过多久,他就坚持不住了。一天,课间操结束后,在回教室的路上,小F恶作剧,用脚绊倒了和他一同上楼梯的同学,把别人摔得鼻青脸肿。当班长责令他给别人道歉时,他居然不承认,硬说不是他干的。我知道情况后,又专门把他请到办公室谈话,道理讲了许许多多,最终他点了点头,不知他是真的明白了,还是似懂非懂。过后,他也当着全班同学的面承认了他的错误,并向对方道了歉。看他道歉的样子,活像一只小绵羊,耷拉着脑袋,眼睛直盯着脚尖,声音小得像蚊子。我在内心感叹着,这孩子确属顽石一类,但愿哪天顽石也能变成金。

接下来几天,我都抽出课余时间,让他做事。有时让他抱书本,有时让他领水果,还经常把他喊到我身边找话跟他说。从他口中知道他喜欢玩玩具,喜欢吃肯德基,可是他说妈妈说话不算话,还嫌妈妈爱唠叨,等等。我和小F约定:妈妈很爱你,如果你在学校和在家都表现好,妈妈一定会信守诺言的,她答应你的事一定不会忘记的。

接下来的几天,孩子接话少了些,调皮少了些,听课也较认真,回答问题很积极。我就给他妈妈发短信说:孩子这几天很乖,他喜欢吃汉堡包,你今天晚上给他买一个好吗?就说是对他进步的奖励。第二天,他便高高兴兴地告诉我:"老师,我妈妈说我表现好,给我买汉堡包吃了。"我夸他乖,用毅力挑战自我,挣来的汉堡包,吃起来一定很香。我还告诉他,要继续努力克服自己的弱点,争取更大的进步。他自信地点了点头。

记得那个星期五的班会主题是传统佳节中秋,我们在班上播放有关中秋的文化习俗及各地中秋的庆祝仪式,小F突然跑到讲台前,把一个他捂得热热的月饼用双手端端正正地捧给了我。他不怎么敢抬头,有点羞涩地说:"老师,祝您中秋节快乐。"就在那一瞬间,我心里既诧异又倍感温暖,几个孩子零星的掌声才让我回过神来。我着实被他的举动感动了!

后来,我又到小F家中进行了家访,看到孩子天真可爱又懂事的样子,我很高兴!家长感激地说我比他们还要了解孩子、心疼孩子、爱孩子……

不一样的角度，"不一样"的孩子

秦 溢

教育评价作为学校教育活动体系中不可或缺的组成部分，对优化教育管理、提高教育质量等具有重要作用。在小学教育中，虽然低年级知识点较简单，信息量较少，但由于此阶段小学生的益智水平及习惯养成还处于起步状态，所以此时特别需要教师以正确的教育评价方法来判断学生的学业水平，并以此来及时调整教师的教学方法，帮助学生尽可能养成良好的学习和行为习惯，树立自信心。教育评价的类型很多，范围很广，可以从评价时间、评价性质、评价主体等不同角度将教育评价分为不同类型。不同的教育学家对教育评价类型的划分也不同，但总体来说，差异并不大。而我认为最适合初等教育阶段的评价类型是按评价时间和评价作用划分的形成性评价。

形成性评价"是对学生日常学习过程中的表现、所取得的成绩以及所反映出的情感、态度、策略等方面的发展"做出的评价，是基于对学生学习全过程的持续观察、记录、反思而做出的发展性评价。目的是及时反馈信息，及时调节，使计划、方案不断完善，以便顺利达到预期的教学目标。它主要针对教学过程中学生对知识的汲取应用等各方面进行价值评价。这样可对已达到目标的学生起强化作用，对部分达到目标的学生起部分强化作用，以发现学生的个体差异性，为学生诊断出困难、错误的模式，找出错误产生的原因，提供克服困难的方法，促使学生进行自我调节。还可使教师从学生的困难和错误中及时发现自己教学中的问题，及时改进教学方法、教学策略，并为下一轮的教学积累经验。

就拿齐齐来说，第一次认识他是在他上一年级的时候。那个时候，由于我正好教齐齐班的英语，所以对他有个大致了解。因为是早产儿，身体素质又分外弱，齐齐看上去与同龄孩子不太一样。他身材矮小，特别好动。尽管上了小学，但他似乎完全没有"我是小学生"的意识，完全处于幼儿园小朋友的状态。喜欢吸吮手指，上课不守规矩，即使老师就站在他面前，他也会随意在教室里跑动，甚至经常突然发出奇怪的声音，逗笑同学，打断老师的教学，扰乱课堂。并且当时最让老师们头疼的是，他会在上课期间，趁老师不注意，擅自跑出教室，满校园跑，害得老师、同学，甚至学校安保人员到处找他，生怕他发生什么意外。一年级英语课每周只有2节，一学期教学下来，把齐齐和他的同学对比后，我对他唯一的印象就是：他是心智极其不成熟的问题学生。

　　由于工作安排，本学期我担任了二年级的班主任。但比起突如其来的"班主任"工作安排，更让我咋舌的是，齐齐竟然在我的班上！想到自己本身教龄就短，教学经验也不是很丰富，又是头一回做班主任工作，本来就已经够提心吊胆了，现在还要加上个齐齐，我真担心自己做不好这个班主任。

　　果然，从刚开学第一天起，齐齐就"不负我所望"地不断惹事：上课铃声响了不进教室，在门口东张西望；打掉同学的牙齿；口水吐同学一脸；经常撒谎，还要说脏话。搞得我实在焦头烂额。特别是当他打掉同学小吴的门牙，小吴满脸的血跑来找我哭诉时，我是真被吓到了。门牙对一个人来说重要性不言而喻，这个阶段的孩子又刚好处于换牙的阶段，如果被打掉的是刚换的新牙，那小吴就一辈子都不会再长新门牙了，对小吴的伤害是一生的。小吴的家长肯定也会很愤怒吧。想到这些我简直不寒而栗。于是赶紧通知了双方家长。所幸，小吴的家长告诉我说孩子的门牙是乳牙，这段时间已经有点松动，掉了也没关系，还反过来宽慰我说孩子之间打打闹闹很正常，不必太担心。有这么支持工作的家长让我很是欣慰，也算松了一口气。但事情肯定也要解决好，于是打电话叫来了齐齐的妈妈，在跟她描述了大致情况后，我把齐齐叫到了办公室。看到一脸担忧的妈妈后，他忽然就用手捂着脸，号啕大哭。看到他哭成这样，我竟然想笑，因为这可是认识齐齐一年多以来，第一次看到他哭。以前总是看到他被各科任老师及班主任教育，但他从来都是嬉皮笑脸甚至一脸无辜。原来他也有一颗纯真的心。自此以后，除了他犯错时，在日常学习、生活中，我也默默关注着他。

　　课间操时，因为足球总是滚来滚去，他就用快板挡着足球，将足球固定住。他的测试题每次都只能得三四十分，空着一大片，但如果把他叫到跟前，单独问他那些错题，他又能正确回答至少60%。这说明他并不是像大部分孩子一样，空着的都是不会写的，而是边玩边做，偷懒。某一天，我看到班上孩子们都在做乘法，于是叫孩子们一起背一遍九九乘法表。由于在此期间，观察到有些孩子口型不对，鱼目混珠，于是就问："有哪些小朋友敢来挑战，一个人背完口诀表呢？"在举手的寥寥几个孩子中，我居然看到了齐齐！我抱着怀疑的态度让他来试一试，结果，不仅是我，就连班上其他孩子都目瞪口呆，齐齐背的九九乘法口诀竟然相当流利，速度也快。于是，在一番大肆夸奖以后，提醒其他孩子都要像齐齐一样，认真地尽快背熟乘法口诀表。此时的齐齐也不再嬉皮笑脸，而是一本正经地回到自己的座位上，端端正正坐好了。在此后的数学课堂上，他似乎比以前更规矩，更认真了。

这个时候我也开始反思了，之前我对齐齐的评价真的是客观公正的吗？我似乎只通过诊断性评价就给他定位了。而在点点滴滴的日常中才慢慢发现，虽然齐齐的心智确实不比同龄孩子，但他仍然有自己的闪光点——新知接受能力较强，小脑瓜很灵活，富有一定的创造性思维。他根本不是什么问题后进生，顶多就是好动，不踏实。而这些闪光点的发现，都得益于形成性评价。

由此可见，形成性评价可以在对孩子长时间的关注中，捕捉点点滴滴，对孩子形成更客观、更具体的评价。不管是对齐齐，还是对所有我正在教以及将要教的孩子，我都希望自己能够客观、公正地评价每一个孩子，尊重每个孩子的个体差异，让孩子们能够得到足够的成长空间。要相信，站在不一样的角度，真的会看到"不一样"的孩子！

孩子，你的改变我看见了

符 群

不知不觉中，我所带班级的孩子们已经上三年级了。他们从刚刚开始踏入校园的懵懂无知变得听话了、有规矩了，同时也更努力了。每个孩子都在成长，每个孩子都在进步。其中，让我倍感欣慰的是小雨的进步，她让我有了作为一名普通教师的成就感，甚至还有那么一丝丝自豪感。

小雨刚刚进入学校的时候，不会和周围的小朋友开心地玩耍，不会在上课的时候集中注意力听老师讲课，不会在同学发言时认真倾听，不会拿笔写字，不知道每天回家要做家庭作业，当然也就不会在下课的时候和同学们叽叽喳喳说个不停，更不会在上课的时候主动举手回答问题了。看到小雨这种入学状态，作为班主任的我除了感到十分头疼外，更多的是替她担忧，害怕她与其他同学的差距越来越大，这样很不利于她的成长。

于是我主动和小雨的妈妈联系，就小雨的问题进行了详谈。小雨妈妈说小雨是家里唯一的孩子，从小就被爷爷奶奶毫无原则地宠爱，所以养成了孩子一系列的懒散行为，为此他们夫妻也觉得很头疼，但又不知道该怎么办，尤其是孩子的学习，更是无从下手。听了小雨妈妈的话，我只是笑了笑，因为我一时也不知道该怎样去帮助她。

在接下来的时间里，我静下心来去观察小雨的一举一动、一言一行。不久，我发现小雨虽然不喜欢主动和小朋友们一起玩，但却喜欢在小朋友们玩的时候站在远处默默地看着，眼里其实充满了羡慕。原来，她不是不喜欢和小朋友们一起玩，而是缺少和小朋友们一起玩的勇气。于是，在某一天，我让我们班最活跃的乐乐小朋友在玩耍的时候主动走到小雨面前，牵起小雨的手，让她带着小雨一起去和小朋友们玩。虽然刚开始的时候小雨的脸上还有一丝丝抗拒，甚至还试图把自己的手收回来，但接下来却是一脸的欣喜和兴奋。没过几分钟，她就和其他小朋友玩在了一起……从此以后，小雨不再孤孤单单的一个人站在角落，也不再对其他小朋友产生抗拒，甚至还会在下课的时候主动去找其他小朋友们一起玩。

小雨的这一改变让我有了信心。从此以后，只要小雨有了一点点进步，我就会在班上大力表扬她，同时还会打电话告诉给小雨的妈妈。除了让她了解孩子的变化之外，更重要的是，希望她能在家里多多鼓励小雨，给小雨加油，从而树立小雨的信心。正因为有了家长的积极配合，渐渐地，我发现小雨身上发生了更多的变化：上课的眼神变了，注意力集中了；会在别的小朋友回答问题的时候认真倾听了，还会就同学的问题进行一些补充；学会了拿笔，学会了主动完成作业，有时还会主动问老师今天的作业是什么……

通过小雨的改变，我发现其实想让小朋友进步，也不是那么困难，困难的是我们没有耐心和恒心去帮助他们改变。当然，除了这些，想让小朋友们越来越好，作为老师，我们还应该做到以下几方面：

首先要做到以人为本，付出师爱。教师应"以人为本"，尊重每一位学生。教育是心灵的艺术。我们教育学生，要与学生之间建立一座心灵相通的爱心桥梁，这样老师才会产生热爱之情。如果我们承认教育的对象是活生生的人，那么教育的过程便不仅仅是一种技巧的施展，而是充满了人情味的心灵交融。只要老师放下架子亲近学生，敞开心扉，以关爱之心来触动学生的心弦，"动之以情，晓之以理"，用师爱去温暖学生，用情去感化学生，用理去说服学生，定能让学生越来越好。

其次要以生之助，友情感化。同学的帮助对一个学习相对落后的孩子来说，是必不可少的，同学的力量有时会胜过老师的力量。同学之间一旦建立起友谊的桥梁，他们之间就会无话不说。在学生群体中，绝大部分学生不喜欢老师，因为老师过于直率，尤其是批评他们的时候太严肃，因而接受不了。所以，我让表现优秀的孩子去影响学习相对落后的孩子，让学习较为落后的孩子感受同学对他的信任，明白同学是自己的益友，体验同学带给他的快乐，让他在快乐的氛围中学习、生活，在学习、生活中感受无穷的快乐！

最后，也是最关键的，教师要做到因材施教、循循善诱。俗话说："一把钥匙开一把锁。"每一个学习相对落后的孩子的实际情况是不同的，这必然要求老师深入了解学生，弄清学生的行为习惯、爱好及造成其落后的原因，从而确定行之有效的对策，因材施教，正确引导。

总之，只有当老师对孩子们付出满满的爱时，老师才会看到孩子们的改变与进步。

记住一句话

陈丽君

时间定格在九月灿烂的一天,那天我的心情也如阳光般灿烂,这得感谢一个学生发来了让我意想不到的短信。

"老师,你在吗?"

"在呀,怎么了?"

"您十月一日有空吗?"

"有啊,怎么了?"

"哦,我要结婚了,想邀请您参加我的婚礼。"

"真的吗?恭喜!"

…………

"老师,您知道吗?所有教过我的老师中我只邀请了您。您到时怎么来呢?我找个人来接你吧!"

"不用了,谢谢你还记得我!"(我不是他的班主任,只是一名科任老师。)

"老师,您这是哪儿的话啊?我一直都记得您,我原来那么调皮,您都没有放弃我,还一直耐心地教导我,只不过我自己不争气,始终学不好,让您失望了,给您添了那么多的麻烦……老师,谢谢您!"(他由于成绩不理想,就没有进入高中,初中还没读完就外出打工。)

这句话让我久久不能平静,也一直放在心里。这让我想起了他读初二的那一年,他的成绩在班上可以说是倒数,课堂纪律那就更不用提了,不但他自己不听课,还总会引起所有人的关注,算得上是一个十足的"问题学生"。有段时间他天天在上课时扰乱课堂纪律,让老师们根本无法正常上课,当然也包括英语课,甚至可以说英语课是最糟糕的。我找不到原因,理不清头绪。尽管这样,我还是没有采取任何的措施,还是按照正常的课堂程序上课,没有任何的变化。

那天,我照常上课,在开始的二十几分钟一切都还正常,突然,当我转过身板书的时候,教室后面传来了一阵笑声。其他同学顿时就把头转向后面，心思都不在课堂上了。我也只好停下来处理刚发生的事情，可是随便我怎么问也问不出真相。当时弄得我很尴尬，也很气愤。我很想狠狠地"抽"他两下，但是一个"忍"字浮现在我的脑海里，我告诉自己不能这样。于是，等到下课，我把涉事的几位同学请到办公室，调查到最后，事情的"真正幕后主使者"就是他，我再一次被气得不行（因为他总是给老师找麻烦）。我好想利用这次机会一次性把他好好"收拾"一顿，以解我的心头之气。可就在这时，"忍"字又告诉我要淡定，我深吸了一口气，问他："为什么要这样？并且这一段时间都是这样的。"

他说："我要考验你。"

"考验我？考验我什么？"

"你自己说过的话，你自己忘记了吗？"

我在心里问自己，我对他说过什么话，才会让他这样说且有这样的表现。

"我不记得了，麻烦你告诉我吧……"我弱弱地说了句。

"你说过的你要随时关注我，随时关注我的问题，我就是看你说话算不算数，我是故意捣乱的，看你会怎么处理。"

他的答案让我惊讶，也让我羞愧不已。我觉得我这个老师当得太不称职了，当得都让学生不信任自己了。我感觉脸上像烙了一块刚烧红的铁片，心里扑通扑通地跳，一时竟无言以对……

我愣了半天，仔细回想，原来是我在处理一次作业的时候说过："××，其实你很聪明，只是英语基础差，没关系，我会随时提醒你的，我怎么会让你的聪明才智就这样荒废了呢？你说是吧？"当时我为了鼓励他，就这样说了一句，真的没有想到他居然记住了，而我却只是单纯地鼓励他，自己并没有把这句话放在心上。

他这一"闹"，让我重新认识了自己，也改变了自己。是啊，不放弃每一个学生，这不是我当初从教的时候给自己定的准则吗？这也是一个老师最基本的职业准则，我居然都忘记了，我真想狠狠地扇自己两巴掌。

后来，我们就约定好：他改变自己，我按照自己说的去做。就这样我们一直很好地合作，直到他离开学校。（他因实在对学习不感兴趣，就在初三还没毕业的时候退学了。不过现在他学了门手艺，自己也在做生意，且生意做得还不错。）也是因为有他这样的一句话，我在之后带学生时，都会对学生说："我不会放弃你们中的每一个人，也请你们不要放弃自己。不管你们能不能踏进高中的大门，你们都要努力一年。哪怕最后真的只能转而

学技术，那也要好好学，在你的那一片天地绽放光彩！"当然，后面的那些学生也记住了这些话，有几个同学在职高就读，会利用周一至周五在学校认真学习理论知识，周末自己找地方打工，进行社会实践。他们如今都很好，每次回来看我的时候都会说："老师，就是因为您的那句话，我们现在即使学技术也在很认真地学。"

其实，我要感谢那位直到现在还记得我的学生，是他对我的提醒，让我坚持对每一位学生负责，当然今后我还会记住这句话，并在教育的道路上继续前行……

用心感受，拥抱幸福

屈 燕

有人说教育是枯燥的，因为每天都在重复着同样的事情，更有人说当班主任是极其吃力不讨好的事情，因为你要面对的不仅是班上的孩子，更要面对孩子背后无数个形形色色的家长。是的，这些话都没有不妥当的地方，但对于我这种从小就有教育梦的人来说，我想不管是从事教育还是做班主任，都应该是无比幸福的事吧！

走上这个儿时就极度渴望的三尺讲台只有短短的两年时间，当班主任更是只有一个学期，可有的时候停下来静静地想一想，我发现我和孩子们甚至是和家长之间已经有了太多的幸福瞬间。

我记得在刚接手班主任工作时，我迫切地想要做出一些成绩来证明自己，于是每天都守在班上，陪着孩子们学习、吃饭甚至是玩耍，哪一个孩子稍微做得不对了，我就马上把他叫到跟前，给他提出问题，并帮助他改正。说实话，那段时间很累，每天都是9点多才回家，可是我觉得自己很充实快乐。直到那天早上我突击检查作业，全班70个同学，就有一半多的人没有完成作业，理由也是五花八门，那一瞬间我突然觉得自己几乎崩溃了，于是我开始批评他们，告诉他们我每天这么累，这么地为他们付出，他们却如此伤害我。说着说着，没忍住，眼泪就不停地流。结果孩子们一看到我哭，有的就跟着小声啜泣了，有的眼泪花在眼眶里打转，可这时的自己因为委屈完全没有感受到孩子们的歉意。下课了，回到办公室，一个要好的老师问我怎么了。我告诉她缘由，她劝我说，干吗和孩子们较真，干吗要给自己找堵。平复心情后仔细想想，也对，干吗给自己添堵呢？何必在乎那么多呢！

下午放学后去开会，开完会回来，意外地发现办公桌上堆了一堆大大小小的信封，拆开一看，全是孩子们给我道歉的话，全是保证以后一定要认真完成作业的话，语言很朴实，甚至有个别错别字，可是我忽然觉得心里很温暖，原来他们早已把我的付出看在眼里，放在心里，只是不小心犯

了一个错误，原来他们那么希望屈老师能够原谅他们！第二天朝会时，我故意板着个脸走进教室，每个人的脸上都很严肃，生怕我不原谅他们，只是我没忍住，笑出来了。看到我笑的那一刻，全班所有孩子都欢呼起来。这时候我才知道，原来我的情绪对他们会有如此大的影响，看来以后屈老师要多笑一笑！

  还记得在某一天班会课上，我训练孩子们收拾书包的速度。就在训练的过程中发生了一件让我非常感动的事。因为训练了两三次，他们的速度都还没有达到我定的目标，所以有一些着急了。再一次发出"开始"的口令后，全班同学都迅速地收拾好自己的东西并坐直了，唯独有一个同学始终拉不上自己的书包，所以全班同学就开始大声嚷嚷着："快点嘛，动作慢得很，我们又要输了。"那个孩子是我们班一个很内向的女生，听到所有同学都在责怪她，便急得大哭起来。我当时心里很生气，因为我觉得其他同学不应该这样去责怪她，而是该去给她加油鼓劲，可是我并没有制止他们的责怪。等所有人都收拾好书包安静下来以后，班上的小云举起了手，我示意他起来。他告诉我："屈老师，我觉得同学们刚才这个做法不对，这样会让×××很难过，我们是一个集体，不应该这样！"说实话，我当时很惊讶，因为这个小云是我们班的一个老大难，他有多动症，而且浑身都脏兮兮的，又爱打人，所以平时没人愿意和他玩，因此当他说出这番话的时候，我震惊了，班上同学也都自发地鼓起了掌。没有我的提醒，所有的同学都站了起来，给那位受批评的同学深深鞠了一躬，道了个歉。通过这件事情我才知道，原来每一个孩子都是一颗珍珠，只是像小云这样的孩子，需要老师或者是特定的环境去打磨他！

  这些都是我和学生之间发生的故事，而我和家长之间也发生了很多令人感动的事情！前段时间，因为工作上事情太多，导致压力很大，一位家长看我状态不好，专门到学校来找我谈心。我记得当时已经是晚上7点了，她刚下班就直接到学校找我。我们谈了很久，她告诉我有什么事情不要一个人扛着，有些事情可以让家长来帮忙，大家都是为了孩子更好地成长。那一刻，我才觉得，原来一直以来，并不是我一个人在战斗，我的身后还有如此强大的团队，我很庆幸自己遇到了这么给力的家长，这是我的幸运！

  平平仄仄的岁月，琐琐碎碎的故事，点点滴滴的幸福，实实在在的育人。路漫漫其修远兮，我想我要努力的地方还有很多很多，而我能得到的幸福也应该还有很多很多！

我和学生在一起

侯书玲

每当和老师们在一起谈论如何教育、帮助学生时,大家都各抒己见。我个人认为我们应该和学生一起成长,互相学习、互相进步、互相影响,应该放下我们老师的架子,让学生走近我们、亲近我们。现在的孩子都是独生子女,都有自己独立的个性。我们可以在不伤害学生自尊的情况下,循循善诱,引导学生对我们所教学科产生兴趣。

(一)

每天放学以后,总是有一些数学尖子生来到我的办公室,要么是探讨解题中的困惑,要么是畅谈今后的人生。有一天,一个平时比较调皮的学生随着他们一起来到我的办公室,数学尖子学生说:"你数学又不好,你来干什么呢?"我说:"小宇不错,能够勇敢地走进老师的办公室,必须给你个赞。"我抓住这次机会,给予学生肯定,然后对所有的学生说:"小宇的爸爸妈妈一直忙着做生意,家里只有小宇一人,他若看电视、外出玩耍、抄作业等,父母都不知道。可是,小宇并没有这样去做,作业自己完成,虽然完成的质量不高,但是总归是自己完成的。他本人也没有四处去玩,还是在家静静地看书、写作业。其实,小宇只要平时再用心一点,数学成绩一定不亚于你们每个人。"自此以后,小宇变了,上课专心了,数学作业的正确率也高了。有一次他的父亲遇到我问,孩子的数学成绩是不是不好?我反问他的父亲为什么这样说。他的父亲说:"我早上喊他吃早饭,看见他在做数学题,晚上回家,看见他还在做数学题,我就在想,这孩子的数学是不是不好。"我对家长说,你应该放心了,这说明孩子对数学已经产生了兴趣,他的数学只会越来越好的。由此可以看出,老师的鼓励、引导,将会影响学生的学习兴趣。

(二)

学生刚刚进入七年级,语文老师要求学生每天必须写日记,这对于许多学生来说是件非常痛苦的事。因为进入七年级，学科的数量增加，难度加大，学生还不习惯，现在又额外增加了每天写日记的作业，无疑雪上加霜。怎么办呢？日记还是要写的。我抽空经常看看学生写的日记，从字里行间找寻学生的心理状态以及对老师的期望和要求。不过，学生的日记真的不敢恭维，几乎是应付了事，没有什么价值。唯一有一本日记，从字里行间看出，学生是用心在写，每天的日记不但有主题，有故事，甚至还有对人生的感悟。第二天上课，我在班上说："小刚，我昨天看你的日记了，你的日记每天都有主题，你貌似没有把写日记当作负担嘛，你是怎么做到的呢？"小刚说："刚开始写日记确实不知道写什么，但是又是每天必做的作业，所以只有调整自己，把写日记当作一件有趣的事情来做，比如，我可以写写自己喜欢的球星，也可以写写自己的心情，还可以写写父母、亲朋好友等。"我说："小刚说得真好，我们每个人都要接受现实，与其应付，不如调整好心态，认真做好。"作为老师，我们要善于抓住学生生活中的点点滴滴，及时给予学生肯定和引导，这样既能帮助学生，也有利于我们课堂教学的开展。

时光如流水匆匆而逝，回想起和学生一起走过的日子，有失落，也有高兴。但无论是教学中的成功与失败，还是生活中的酸甜苦辣，我都愿意同学生一起分享。我们要真正成为他们的朋友，互相学习、互相影响、共同进步。

心灵的触动
—— 自罚

刘玉莉

作为一个有着十几年班主任工作经验的老师，我觉得自己能胜任任何班级的班主任工作。可是这个班级颠覆了我以往的认识，学生基础不好不说，行为习惯差到极致，这也给我带来很大的压力，我每天都在思考该如何在初中的最后一年带好这个班级。

从上第一节课开始，我就给学生讲常规要求，上学、放学的时间，上课的坐姿，书本的收捡，作业的要求，卫生如何打扫，等等，让学生知道我的要求，并制定了一系列的奖惩制度，督促学生严格执行。经过一段时间的规范，各种情况都好多了，但学生自习课不守纪律的问题一直困扰着我，自习课时一旦有些同学不自觉说话，打破了安静的自习氛围，教室就很难再恢复平静了。

有一次我在教室里上自习课，快期末了，大家都很安静地认真学习，看书的看书，做作业的做作业。突然，一个学生流鼻血了，我马上把他带到医务室处理。等我回到教室门口，听见教室里学生在大吵大闹，心里的火蹭蹭就往上冒。我猛地推开门，怒气冲冲地站在教室门口，教室里的喧闹声一下就停止了，所有的同学都望着我，然后又全都低下了头，没有任何人再发出声音来。可是我的怒火仍然难消，就想找几个说话的同学大骂一顿，只是没有看见是谁吵得比较厉害，因为整个教室里都是乱哄哄的。

我心里的火气越来越大，但是又有一股力量在拉扯着我，告诉我要冷静、冷静。我黑着脸，站在门口一句话不说，看着全班同学，对于他们的这种行为，我真的有种无力的感觉。说了那么多次，怎么还是不听，一定要老师守着才能安静吗？我想如果我骂他们一顿，还是没有任何效果，我该怎么办？怎么才能让学生记住这次教训呢？在想了几分钟后，我说："刚才我带同学去医务室，只离开了几分钟，教室里就成了菜市场，我很生气，也非常难过。纪律给你们说过那么多次，你们还是这样，我反思了一下，觉得对你们的教育太失败了。"我的声音缓慢而低沉，同学们听到这些话头埋得更低了，教室里连呼吸声都能听见。我停了一会儿，接着说："我觉得自己是一个不合格的班主任，没有让你们理解到纪律的重要性，不能让你们真正做一个自觉的人，可能是我的能力有限吧，我很生自己的气，我要惩罚自己一下，罚自己去跑操场10圈，让我好好想想，如何才能让你们听进去，真正认识到自己的问题。"说完后我就向操场跑去。

在我跑到第6圈的时候，我看见班长、学习委员来了，"刘老师……"他们像要说什么，但是我拦住他们笑着说："我已经跑了6圈，还有4圈就跑完了。"他们见我没有停下来的意思，也跟在我后面跑了起来。终于，跑完了。我满脸汗水、气喘吁吁地回到教室，站在讲台上，我仔细望着每一位同学，没有讲话。同学们吃惊地抬起头看着我，显然他们受到震撼了。许多同学脸上露出惭愧的表情，他们做错了、犯规了，老师却受了惩罚，这对于那些懂事的孩子来说，绝对是一种心灵上的煎熬。有的女生嘴巴动了动想说话，最后还是欲言又止。就这样沉默了几分钟后，我对他们说："我希望我教出来的学生是一个能严于律己、真正自律的人，如果你们以后都能像现在一样，我将以你们为傲。还有几个月的初中生活，你们怎么做呢？"我的声音很低沉，可是低沉的声音产生的作用是巨大的，学生们马上大声回答："安静自习！"我笑了，说："如果做不到呢？"有的同学马上说罚跑10圈，有的说20圈……

从那以后，不断有老师夸我们班的自习纪律好。并且在自习课上，即使有学生不小心说话大声了一点，立刻就有别的学生提醒他不要讲话，而被提醒的学生也感到不好意思，知道自己做错了，马上就安静了。我也没有再因为自习课纪律的问题批评他们。那节自习课上的事情给所有学生和我都上了刻骨铭心的一课。

我后来好好反思了那天的事情，感悟到：第一，适当的沉默比苦口婆心地讲道理更有效果，道理讲太多了，他们听得太烦了，就不起作用，反而沉默还能让他们反思自己的行为。第二，适当的自罚对学生心灵的触动更大，这件事通过班主任自责和自罚让学生从良心上受到内疚和谴责，从而让他们真正认识到自己所犯的错误，加深印象。而且，老师道歉检讨和自罚，从表面上看，老师似乎没面子，其实是在孩子面前做了榜样，树立了威信。第三，遇到突发事件一定要冷静，不能盲目、冲动地处理。否则，不仅不能取得好的效果，只能让事情越来越复杂，师生关系更加恶化。因此要冷静下来好好思考，站在学生的角度去考虑问题，那样才会收到不一样的效果。

经典助力专业发展

——学习魏书生《班主任工作漫谈》有感

龙潇凌

记得刚参加工作那年，母亲把一本魏书生的《班主任工作漫谈》郑重地交到我手上，语重心长地说："加强理论的学习，当一个学生喜爱、管理有方的好班主任！"那一刻，我体会到的不仅是一位母亲对女儿的关心，更是一个教育界老前辈对晚辈的殷切希望。在当班主任的八年时间里，我把这本书反反复复读了好几遍，每一次读，都有温故而知新的收获。

书中的几个管理班级的方法在实践中给了我指导与帮助：

一、了解学生，注意方法

"种庄稼，首先要知道各种作物生长发育的特点，才能适时适地施肥浇水；治病要了解每个病人的具体病情，才能对症下药；教师，必须了解每个学生的特点，方能选择正确的教育方法和措施。"魏书生常用的了解学生的方法是谈话，这种谈话绝不是在教室、办公室进行，而是在放学路上、篮球场上、食堂饭桌上……进行。因为，离开了课堂环境，师生能够摆脱固有角色的束缚，谈话更自由，也更容易贴近学生的心。

二、组织和培养班集体

1. 用"格言警句"引路

"阳光、火光、电光，能照亮江河山川，能照亮道路，能照亮物质世界；思想之光，能照亮人的精神世界。"魏书生始终坚持每天点燃一盏思想的明灯——抄一句格言。"尊人者，人尊之""隐其恶，扬其善""聪明的人改变自己，糊涂的人埋怨别人"……春风化雨，点滴入土，日久天长，潜移默化。学生的精神世界，有了这些格言明灯的照耀，一定会比昨天更明亮。

2. 用"道德长跑"明理

魏书生管写日记叫作"道德长跑"。因为春夏秋冬，年复一年地坚持长跑的人，都变得身体健康、强壮有力。而写日记，若长年坚持不懈，就能使人身心强健，视野开阔。有了日记指导，才使学生人生的航船不只在个人的小河上打转，而是被导向了广阔的天地。

3. 用"班规班法"制约

魏书生教书几十年来，一直坚持"以法治班"，全班同学根据本班实际制定了一系列的班规班法，然后在监督检查系统的保证下，坚定不移地贯彻执行。魏书生的班规班法，主要分为两大类：一类是以空间为序的，如常务班长职责、值周班长职责等。制定的原则是：班级的事，事事有人做；班级的人，人人有事做。另一类是以时间为序的，有一日常规、一周常规、每月常规、学期常规、学年常规。制定的原则是：时时有事做，事事有时做。魏书生的监督检查系统很是严密，自检之外，有互检、班干检查、班集体检查、教师抽查，同时还有相应的处理措施，十分有序、规范。在如此完备手段的制约作用下，学生怎能不养成严谨的学习、生活习惯？

三、做好个别教育工作

班主任对学生进行思想教育，既要面向集体又不能忽视个别，魏书生做个别教育工作的点子是极多的，大有随手拈来之意。学生犯了错误，处理的方法就有写说明书、写心理病历、唱歌、做好事等多种。每周进行选举，产生"闲话能手""逃避劳动能手""最关心班级的人""本周进步最大的人"，等等，这样既选先进也选后进，发现问题，及时解决，效果明显。而个别教育工作中，魏书生最重视后进生的转化工作。吕叔湘老先生说："魏书生想的是全体学生，要把所有的学生教好才甘心，有一个学生没有教好心里也不安。"有了这样的思想作为行动指南，后进生的转化就易于施行了。

四、协调各方面的教育影响

学生思想品德的形成和发展，是受学校、家庭和社会环境多方面影响的结果。如果影响不一致，教育的作用就会互相抵消。社会的复杂，或多或少使学生纯洁的心灵蒙上阴影。如何处理这一学校教育与社会环境影响的矛盾呢？魏书生遵循正面引导的原则，组织学生进行"心灵的摄像机对准啥"的讨论，从而使学生懂得：生活中的阴暗面，我们没有能力抑制消灭时，不如将心灵的摄像机对准真善美，使它变成自己上进的力量。多么精辟的见解，多么睿智的思想啊！

《班主任工作漫谈》对我个人的班级管理工作提供了宝贵的理论支持和方法指导，以此书为鉴，在滨河学校当班主任期间我做了如下尝试：

一、全员参与的督导机制

强化班级规划、决策过程中的学生民主参与。我们班所有班规均由班干部根据本班实际情况制定，再经由全班同学讨论通过，张贴公布。班规包括《班级公约》《卫生管理制度》《图书借阅制度》《操行评比细则》等，基本涵盖了学生在校生活的各个方面。这些制度均由专人监督同学落实。为了做到"事事有人管，人人有事管"，我班设置了安全委员、队列管理员、图书管理员、餐桌桌长、班会导演等特殊班委岗位，尽量让每个学生一展所长。引导学生自主参与制定班规、管理班级，使学生的意志与愿望以及管理潜能通过合理渠道得到了充分的满足与发挥，让学生对自己的行为产生巨大的自我约束能量。

二、全面展开的竞赛机制

按照《操行评比细则》要求，每周评出综合表现最佳组，每月评出班级综合表现的前三名和后三名，前三名的同学由班干部给家长打电话提出表扬，后三名的同学分别为班级做三件、两件、一件有意义的事。这样周周评比、月月总结，赏罚分明，有利于学生时刻提醒自己规范言行，同时也调动了学生的积极性，提高了班级管理工作效率。

三、相互制约的监督机制

除了班长、副班以外，其他各干部岗位均是两套班子，轮流执政。比如我班纪律委员有四人，两人一组，一周一换。久而久之，不仅形成良性的竞争，也使孩子们对自己的工作更加认真热忱。记得半期前某天是我的午辅，因为有家长来交流，我进教室稍微晚一些。当我打开教室门，看到纪律委员在巡视，孩子们都安静地做着自己的事，教室里秩序井然。事后纪律委员们告诉我说，不负责就会被下周的纪律委员比下去。再后来，只要教室没有教师，班干部都会自觉履行自己的责任，让教室里安静有序。

四、瞅准时机的团结教育

本期学校举行了啦啦操比赛，赛前孩子们训练刻苦认真，充满信心。

但是由于比赛当天两位同学的失误，错失了第一名。事后孩子们相互埋怨、攻击，两位男同学甚至当场发生了小摩擦。回到教室后，我让每个孩子都分析自己在此次活动中不尽如人意的表现，哪怕只是列队时没有保持立正的姿势。在我刻意的引导下，每个人都找出了自己的失误，也不再那么理直气壮。等大家都平静下来后，我告诉他们，集体项目比的就是整齐划一，整齐划一的核心就是团结，一个团结的集体才有竞争力。最后，之前言辞不友好的同学都主动向对方道了歉。因为充分认识了团结的重要性，在"一二·九"诵读比赛中，孩子们齐心协力，终于得到了第一个属于全班的第一名。

在这一个学期的班主任工作中，我虽然积累了一些比较实用、好用的方法，但也存在一定的不足，在接下来的工作中，我会从以下几方面进行改进：

（1）加强理论学习，提高自身素质；特别加强对心理学知识的学习，力求在工作中紧扣学生年龄特点，找出更多新的、有效的办法。

（2）在制定长远培养目标的基础上，细化每学期工作目标及学生培养目标。

（3）班级管理更加科学民主，比如再把现有班级管理体系进行细化。

（4）提高学生的自觉性和责任心，真正做到让学生做自身的主人，让班主任有事外出时没有后顾之忧。

最后，借用魏老师书中的一句话作为结束语，与各位同仁共勉："世界也许很小很小，心的领域却很大很大。班主任是在广阔的心灵世界中播种耕耘的职业，这一职业应该是神圣的。愿我们以神圣的态度，在这神圣的岗位上，把属于我们的那片园地，管理得天清日朗，以使我们无愧于自己的学生，以使我们的学生无愧于生命长河中的这段历史。"

爱的教育，从心开始

高亚乐

说起讲故事，便情不自禁地回想起我曾经当班主任时的情景，给我从事教育行业留下了满满的回忆。

刚刚上班的我，第一次当班主任，心里很紧张，感觉无从下手。开学第一天与学生见面，走进教室，看到几十位学生活泼可爱的面孔，我松了一口气，生出了信心与勇气。"尽心做好班级的事情，用心对待每一位学生，全心全意服务，做好家校工作"这句话自始至终牢记在我的心中。其实，在与学生相处的时间里，我们班是最有朝气、最活跃，体育运动成绩最好的班级，班委主动协助管理班级的一些琐事，认真负责，让我省了不少的心思。我管理班级的方法经过全班举手表决通过，照章执行，学生对我有一种崇拜的感觉，尊重我、喜爱我，课余和我走得也很近，有的还直接叫我"高妈妈"。甚至周末有的学生结伴去我家里玩耍、写作业、做饭，我们一起包饺子，合理分工，其乐融融。

还记得我们班第一次参加校运动会，学生都踊跃报名，积极参加锻炼，甚至有时还占用了上课时间。就在学生劲头最足的时候，被数学老师泼了一头冷水。事情是这样的：数学老师担任两个班的教学任务，教学压力本身就很大，由于运动会的原因，两个班的教学进度不一致，我们班差了一个课时。老师要赶进度，就把学生的课下训练时间挤占了。另外，运动会即将举行，我们还有一个集体项目迟迟没有训练。学生对数学老师有了情绪，有些调皮的学生就做起了小动作，诸如扰乱课堂秩序、不听老师的话，甚至故意与老师作对等事情屡屡发生。于是，这些课堂上不专心，特别是没有完成作业的学生引起老师的愤怒，老师在课堂上大声呵斥犯错的学生，当时心想这样做可能会在全班起到震慑作用，却没有去想这个学生会有怎样的感受，也忽略了同样坐在教室中其他那些满怀期待等老师讲授下一课的学生。其实，每一个孩子都是可爱的，虽然有的学习成绩有些不理想，但他可能是运动会上的冠军，是劳动能手，谁又能说他不是个好孩子呢？

  在杂志上看到一则故事,它深深地打动了我。相传古代有位老禅师,一日晚间在禅院里散步,看见院墙边有一张椅子,他立即明白了有位出家人违反寺规翻墙出去了。老禅师也不声张,静静地走到墙边,移开椅子,就地蹲下。不到半个时辰,果真听到墙外一阵响动。少顷,一位小和尚翻墙而入,黑暗中踩着老禅师的背脊跳进了院子。当他双脚着地时,才发觉刚才自己踏上的不是椅子,而是自己的师傅。小和尚顿时惊慌失措,张口结舌,只得站在原地,等待师傅的责备和处罚。出乎小和尚意料的是,师傅并没有厉声责备他,只是以很平静的语调说:"夜深天凉,快去多穿一件衣服。"孩子们对老师是宽容的,只要你对他们付出过爱心,即使你曾经对他们冷言冷语,暴跳如雷,他们都可以原谅。他们崇拜你,爱你。我又常常想,老师也应该对学生再宽容一些,所有的人都是各有所长,各有所短,可能他们无法克制自己的言行,无法很好地完成学习任务,不一定有辉煌的未来,可是谁说一个平凡的人就比谁低人一等呢?宽容是一种无声的教育。虽然书本知识的灌输是很重要的,但是给学生营造一个宽容的学习环境,在鼓励学生的人格成长、个性张扬的发展上,是很有利的。目前教育氛围和工作生活压力,有时候让老师偏离了方向。

  陶行知先生曾说:"爱是一种伟大的力量,没有爱就没有教育",教育的最有效手段就是"爱"。

  作为一名平凡的教育工作者,我深深懂得,教育是爱的事业。这种爱是博大无私的,它饱含了崇高的使命感和责任感。"爱心最是有情物,化作春风更催人。"爱是一种信任,爱是一种尊重,爱是一种鞭策,爱是一种激情,爱更是一种能触及灵魂、动人心魄的教育过程。教师应当有爱的情感、爱的行为,更要有爱的艺术。

最重要的人

王芳芷

记得刚毕业的第一年，我的教学成绩平平，没有把孩子们的成绩提高多少，所幸孩子们的成绩也没有较大的退步，心中大呼万幸。那几个让人头痛的后进生，几乎占据我的全部大脑，吃饭、睡觉我都在思考，怎么才能把他们的成绩提上来呢？各种方法都试过了，似乎都没有什么作用。于是，我带着这个烦恼回老家过暑假了。

工作以后，不是每个人都会有暑假的，何况这个暑假还是那么长，可以看看书、散散步、练练字。当然，大部分时候我还是在琢磨那几个孩子的问题。这天，妈妈建议我出去找同学玩一玩，可是他们都在上班，难得见上一面。于是她说："那就去看看老师吧！"我觉得这个建议不错，便朝我的初中英语老师家走去。敲开周老师的门，她看到是我，高兴得不得了。拉着我问东问西，生怕漏掉了我离开她这几年的任何一件事情。

谈到了我的工作，我向她大倒苦水，也把那几个孩子的成绩问题给她详细地说了。她耐心地听完以后，对我说："我理解你的想法，哪个老师不希望自己的学生品学兼优，尤其会把成绩看得很重。但是你有没有想过，可能孩子他已经很努力了，但是由于种种原因，他就是不够优秀，达不到你的要求。还有，很多时候孩子更需要的是温暖的鼓励，而不是严厉的苛责。陶行知曾经说过'有了爱就有了一切'，我觉得他说的很对，很多时候你觉得是为孩子好，但是孩子不理解，那你就需要换个方式把你的爱表达出来，让他可以感受到你的心意。"周老师的一席话，让我瞬间感到羞愧。我反思自己对孩子们的每一个要求，不仅是为了达到教学目标的要求，有时甚至是为了追求高分数的教学成果，好满足我那可笑的虚荣心。不行，我要改，不能这样了，孩子是鲜活的生命，他们需要的是成长，而不是一张张高分数的考卷。

新学期开始，我不再像以前那样成天把分数成绩挂在嘴边，而是关注自己的教学环节设计是否需要改进，练习题精讲精练是否达到预期效果，慢慢地，孩子们在课堂上变得活泼了，以前不爱做作业的孩子现在也开始

主动交作业了。这一天,我在教室里改作业,红钢笔从桌子上滚落,摔成了两截。捡起来以后,就随手放在讲桌上,心想这只钢笔应该不能用了,就借了只红笔继续改作业。第二天上班,我到办公室放东西,发现桌子上放着我昨天那只钢笔,下面压着一张纸条,上面写着:"王老师,钢笔我给你修好了,可以用的。哈哈,我很厉害吧!"没有署名。

我试了一下,果真还可以用,跟以前没什么区别。上课的时候,我拿着这支钢笔问孩子们:"谁帮我修好了这支笔?"教室最后面的一个孩子很不好意思地站起来,冲我笑了。他?班上最让人头痛的孩子,成绩一塌糊涂,我可没少批评过他。没想到他居然会帮我修笔,而且修得那么好。真的太意外了,我高兴地说:"谢谢你,帮我解决了一个大麻烦。你好厉害哦!"孩子很不好意思地又笑了,说:"我还会修其他东西,以后老师你有东西坏了,可以叫我来修。"于是,我们老师的抽屉打不开、柜子门关不上,各种小问题,只要找他,他就马上跑去找保安借工具来修,又快又好,大家都对他赞不绝口。

这天,他又帮我把断在锁眼里的钥匙弄出来了。我对他说:"你太棒了,要是没有你,我还不知道要等多久才能等到师傅来帮我修。你对我来说真是太重要了!"没想到,这次他把头低下了,过了一会儿,很小声地说:"老师,我爸爸妈妈都不要我了,大家也都不喜欢我,嫌我不讲卫生、成绩不好,你还说我很重要,骗人!"我心里一下子好难过,摸着他的头说:"爸爸妈妈不是不要你了,他们要出去打工挣钱,没时间来管你。大家也没有嫌弃你,还有很多人不喜欢王老师呢!当然,如果你可以讲卫生爱干净,慢慢改掉一些不好的习惯,大家会更喜欢你的。你想想,你帮老师们解决了那么多问题,当然是很重要的人啦!你说是不是?"他抬起满是泪水的脸,看着我,慢慢露出了笑容,使劲儿点点头。

从此,他上课听得很认真,衣服也没有以前那么脏了,班上的同学也喜欢和他一起玩儿了。看着他的转变,我也慢慢地对自己的工作充满信心,鼓励失败受挫的孩子,表扬进步的孩子,理解他们的错误,站在他们的角度思考问题,和他们一起欢笑、一起成长、一起收获!

又是一年,教师节即将到来,学校把表彰优秀老师的名单公示出来,孩子们没看到我的名字感到很沮丧。教师节那一天,我的数学课上,班长郑重地把一张奖状颁发给我,是他们手工制作的。外包装是一个硬纸壳,上面写着"荣誉证书"几个大字,打开,里面写着:"尊敬的王老师,感谢您为我们付出的日日夜夜,点点滴滴,您被评为我们心中'最重要的人'!特发此状!"

"行"者无疆

景开敏

古人云:"诚则明矣。"通俗地讲,即一个人如果能够摒弃各种诱惑,专心实意、执着地从事某项有意义的事业的话,定能通透明理,达到至善的境界。我想在教育领地也必须是专心实意、执着从事,才能真正成为一名"行人"。

荀子言:"不闻不若闻之,闻之不若见之,见之不若知之,知之不若行之。""行"应当是当今教育的核心,然而目前教育评价的方式和依据正发生着变化,部分教育者也开始投机取巧地将以过程的"行"为重的过程教育转移到了以结果、成绩为重的结果教育,往往就导致了现实中的背分数、记分数。

作为一名有信仰的教育工作者,必须注重自己的"行"和学生的"行"。作为四年级语文教师,"行"——从教学的专业来讲,是非常重要的。教学中,首先要注重自身的文化修养,不断充实自己的教学能力和教学理念。有了好的教学思路,再来有机结合好的教学方法,寻找真正适合学生的教育方式才是最好的教学。在教学过程中,老师对学生的认识相当重要,孔子讲"因材施教"就是重视学生的个体差异性了,更何况在当下纷繁复杂的社会环境中,学生的个性是非常明显突出的。认清孩子后还应该认清楚现阶段学生的需求即教学阶段目标。与此同时,还必须认清语文学科的工具作用,认清语文更多的人文性。教学中有可衡量的数据信息,也有不可衡量的素养信息。"自己的课堂自己把关",学科教学有自己的方式方法,有相对科学的评价机制和检测方式,多角度衡量孩子的学业成绩,有"听""说""读""写""赏"语文素养的增长,有眼前的一点一滴,也有关于学生未来的长足思考。如果从这个方面来评判,那么我想我已经在注重自己的"行"了。作为班主任老师,我所面对的是一群朝气蓬勃、有思想、有感情、自我表现欲较强的学生群体。因此,我在工作中既有宏观的群体管理,又有微观的个性发展指导。"行"的内涵丰富,从教师的角度出发,"行"是自己的一言一行。古人云:"近朱者赤,近墨者黑。"熏陶浸染的效果是相当可观的,因为学生的模仿、接受性很强。对班主任来说,要想在学生心目中树立威信,就必须自身起到一定的示范作用。要学生讲文明礼貌,你首先要自身讲究语言举止文明;要学生讲卫生,你首先要做到不乱扔纸屑果皮;要学生不迟到、不早退,你必须率先做到遵守时间,上班、上课不迟到。这也就是要求班主任必须为人师表,发扬身教。

着眼于生活,"行"要求教师了解学生的学习心理及其他方面的情绪反应,并及时给予其教育、指正。了解学生的心灵,解决学生在心灵上、生活上、学习中遇到的困扰,解决学生在老师面前口难开的许多问题。与学生进行心灵的交流、沟通,帮助学生克服学习和生活中的困扰和困难,赢得学生的尊重和信任。放眼于社会,"行"就必须是能力与品行,生命中出现的任何艰难、挫折、障碍,不就是生命本身的安排吗?不仅仅是小鸡出壳,蝴蝶破茧也是如此。如果你帮它剪开茧子,那么它只能带着萎缩的身子和翅膀爬行,永远不能飞行。我们人类也是这样!生命中学的经历是不能代劳的,挫折和艰难也是生命不可分割的一部分,我们要勇敢地面对,顽强地攻克。因为它能让我们的生命变得更智慧、更丰满、更坚强。所以,在社会中我们要重视学生自身的体验实践。师之所行,择角色而定,只有把握角色,掌握方向,才能于教育之路万年长青。

蹲下身子,和风细雨般对待学生的错误、失误,更能使一朵花变成一座花园,使一个孩子变成一个天使。育人之事,只有"诚则明矣"才能知"行"。在将近两年的教育教学中,我渐渐清晰自己的事业应如何去做,也越来越有钻之弥坚、甘之如饴的感受。攻坚克难,便会苦尽甘来,诚则成,有收获,明则名,有精神。有了坚定不移的教育信仰,加之有效的"行"为,教育的阵地也就能保全了。

我和"你"的故事

王晓燕

开学初,当我知道自己是一个新班班主任的时候,我还是有些苦恼的,虽然我以前断断续续当过班主任,但是经验不足。加之我们班是新组合的班级,班上孩子的情况各不相同,这给班主任工作带来了很大的难度。孩子们都很舍不得原来的班级,所以做好孩子的思想工作尤为重要。最开始,我选了班上几个成绩比较好的孩子进行了谈话,建立他们对我的信任,让他们感受到我和以前的班主任一样爱他们,并且现在这个新班比以前的班还要好。

2016年的金秋九月,全校开展了"家校连续"教育实践活动,我认为我的教育时机来了,于是紧锣密鼓地制订计划,确定了第一批家访名单,其中就有这样一位特殊学生,通过老师和家长的小小谈话、平时耐心的付出,终于开始发生转变。这让我们对"爱"铸就学生的未来更加坚定信心,也使我感受到——其实每个孩子都是可塑之才,重在方法的转变。

说到这次教育实例中的特殊学生——小Z,他是四年级下学期从老家小学转来的学生。小Z情况较特殊,父母不在身边,一年中很难见到他们几次,和爷爷奶奶一起生活。由于父母都不在身边,老人对孩子一味溺爱,就是想管也力不从心,以致小Z天然地以自我为中心,行为习惯随性、懒散、任性,爱动手打架,和同学关系较差,三天两头就有同学告他的状……这些不良行为习惯,矫正起来难度可想而知。这位孩子不但在行为习惯上表现差,而且各科的基础成绩也较差,作业经常不交,欺瞒老师和家长。我们多次与他年迈有病的爷爷沟通,老人也是力不从心,扼腕叹息。我们也不忍心让老人一趟趟地赶来学校。但这个孩子在四年级下学期发生了严重的打架事件,身心受伤较严重,同时影响也很坏。那段时间我们几乎对孩子失去了信心……

今年在我们的强烈建议下,孩子父母从沿海回到成都,老师就孩子问题与家长进行了深入交谈,确定了:以"爱"为切入点,在生活和学习中

对他做得好的,哪怕是一个小优点,都及时给予鼓励,同时对不良的习惯要做到严肃批评,注意批评的方法,戒除责骂。说好就做。我发现,小Z喜爱表现自己,喜爱文艺和画画,于是我让他当了宣传委员,并把学校的板报交由他负责筹划。小Z开始忙起来了,每天查资料,布置黑板,和同学一起画图写字。虽然有时会和同学出现分歧,但我会及时予以分析处理,很快新一期黑板报大功告成。我还专门辟出时间介绍了小Z办报的整个过程,表扬了他和同学们通力合作、不计较得失,做出了美丽的黑板报。同学们给他报以长时间的掌声,此时我看到小Z的眼里充满了自信和骄傲。接下来我趁热打铁,让他筹办一次班会,通过系列活动让他忙碌起来,无暇顾及疯闹,也在活动中让他学会与同学们相处。同时告诫他,一个完美的人除了活动积极以外,学习也不能落下。又在学习中给他安排了小帮手,遇到他作业做得不好,我也会及时耐心地指导,鼓励他再做好。经过这段时间的努力,我们发现小Z正朝着更好的方向转变,看到孩子真真切切的在进步,我打心眼里感到高兴,我想这也许就是当老师最幸福的时刻吧!

作为老师,实施教育的目的就是使每一个学生都能沐浴爱的阳光,健康快乐地成长。因此,要多发现每个学生的好,引导他们乐善好学。孩子越是调皮,就越需要老师给予他关爱。要想使孩子们成为可塑之才,关键是要发挥教师的智慧,教师要善于发现孩子的优势,站在促进孩子成长和鼓励孩子进步的角度去思考、去探索,用点滴的"爱"铸就孩子绚烂的未来!美国教育心理学家杜威说:"每个孩子都有一定的情感需要。这种需要决定着孩子行为中的许多东西(愉悦、满足、高兴)。自然情感贮存越是充实,情绪就越高涨,行为也就越良好,他才越能感觉到自己处于最佳状态。"教师的赞赏对优秀学生来说是途中加油,对后进生更是雪中送炭,因为后进生的缺点比较突出,易为人所发现,但他们的优点长处却易被人忽视。而正是这种习惯的偏见,使后进生的长处和优点慢慢消失殆尽。所以,教师应及时发现后进生的长处和优点,真诚无私地给予他们赞赏,大胆肯定他们的正确做法和每一次进步,这样会令他们在教师的赞赏中增长信心、明辨是非,从而正确认识自己的言行,从内心激发出无穷尽的动力。

有一种疼惜叫似曾相识

王 琼

我出生于中国西部一个非常普通的小乡村，父母都是地地道道的农民。因为村里的农田紧挨着不定时泛滥的洛水，所以我的家乡的大部分家庭被贫穷落后笼罩着，很不幸，我的家庭也是其中之一。

虽然家庭条件不好，但是很幸运的是，从小到大我遇到了很多关心帮助我的老师，这也是我后来为什么选择当老师的原因。也许是命运的安排，也许是我时常怀着感恩之心，在我工作的第三个年头，我遇到了她——一个让我第一次见了就感觉似曾相识的小桃子。"她虽然看起来黑黑瘦瘦、着装朴素，但是学习认真努力，班委工作积极肯干"，这就是上任班主任对她的评价。这个评价在我当班主任后没几天就被我认可了。老师总是喜欢这样的学生，再加上莫名地觉得她跟小时候的自己有几分相像，所以我不免对她多了几分关注，让我惊喜的是，我越来越觉得这个小女生很踏实、很懂事。毫不夸张地说，自从让她当小组长和卫生委员，我这个班主任再也不用担心有人蒙混过关和班级卫生被扣分了。

让我对她了解更全面是在一次家访之后，我才知道，她的父母来自外地，因为年纪不算年轻，也没有什么技术，所以工资不高，再加上老家还有年迈的老人需要赡养，所以一家人的租住地面积很小，生活用具也很简单。和我一同家访的还有副班主任老师，我们一再地夸奖小桃子在学校表现很出色，又懂事又能干，让他们给我们说说怎么教育好孩子。他们腼腆地一笑，说他们都是农民，又没有多少文化，哪有什么教育小孩的方法，只不过给她说，生活不容易，让她好好学习，好好听老师的话，长大了才不至于像他们这么辛苦。多么朴素的话啊！其实从我进他们家门那一刻起，我就知道了小桃子那么乖巧和懂事的原因了。人家说，父母是最好的老师，我想，虽然她的父母在物质方面没有给她最好的，但是却给了她充足的精神食粮，足以让她安身立命。

"天助自助者"，所以当学校领导宣布了"两免一补"政策时，我第一个想到了她。按照相关规定，她并不是最符合硬性条件的人选。尽管如此，我还是把她的情况如实地反映给了当时负责此项工作的领导，好在领导在了解实际情况后认为小桃子可以得到此项补助。当我把这个消息告诉小桃子的父母时，他们感到很意外，随后说了很多感谢的话，但是在我看来，我只是做了一位班主任老师应该做的工作，即让真正需要帮助的学生享受到来自国家的、社会的、学校的好政策。尽管在此之前我也想过，如果这次争取不上，我愿意以我个人的名义帮助小桃子，因为我觉得以小桃子的情况和表现来看，她应该得到关心和帮助。

也许是她父母的教育，也许是小桃子感受了老师对她的"与众不同"，从此她在学校表现得更加出色。在我眼里，她是一个不折不扣的得力小助手。因为作为小组长的她，很多时候，就算错过了放学时间，也要帮扶组内未过关的同学完成过关任务；作为语文课代表的她，在我上公开课时，积极地组织同学排练课堂小品，甚至负责表演了大家都不愿意饰演的"小丑"角色。此外，班会课上不但有她娓娓动听的主持，还有她惟妙惟肖的表演；校运会上不但有她奋力拼搏的背影，还有她激情澎湃的加油助威；大扫除时不但有她有条不紊的指挥，还有她被汗水打湿的可爱小脸。

认识了小桃子，更让我重新认识了繁重又琐碎的教育工作，那就是教育工作需要强烈的敬业精神和人文情怀。现在，虽然我早已不是小桃子的班主任了，但是我仍然以普通老师的身份关心她，她也会在每年的教师节对我说声"节日快乐"。我不知道在她心目中我算不算是一位好老师，但在我心里，她是一个不折不扣的好孩子和好学生。古往今来有那么多教育名家，可能我今生永远也达不到他们的高度，但他们对教育的真、对教育的爱，永远是我追求的目标。我相信，总有一天，我可以当之无愧地对自己说："我是一位好老师！"

杏坛人生　厚德博学

何翠华

从 2016 年的暑假踏上工作岗位，至今已经有两个月了，我的副班主任工作也做了两个多月了。两个多月的历程走下来，经验不敢说积累多少，但有一点我是深刻地体会到了：我越来越爱教育事业了。我由大学踏入社会没几个月又走进了校园。相比于纷繁复杂的社会而言，校园是块纯净的乐土。说实话，我没有受到多少社会阴暗面的影响，身上流淌的更多的是洁净的血，所以，我坚信：我能够以我的青春朝气和纯洁善良打动"90 后"这样一群既叛逆又个性张扬的孩子们，引导他们走上主流文化的轨道。

在第一周的教师大会上，学校通知我接手八年级三班，我没有任何想法便接下了这个班，然而不幸的是，有人告诉我，三班不好管教，一个班有一多半的孩子都是调皮捣蛋鬼，听得我心惊胆战。又由于自己是一名新老师，在上岗后的很长一段日子里，内心充满忐忑，生怕自己带不好这个班。

经过一段时间的接触，我发现我的教育理念与现实有所偏差，曾经的我暗暗下定决心要将我们班的数学成绩提得多高多高，可是理想很丰满，现实很骨感。对于这样的班级，成绩不是最重要的，我们更应该看重的是这些孩子的人格是否真正健全，是否具备作为一个堂堂正正的人所应该具备的良知、勇气、信心和对周围及这个社会的责任。这些要素的具备与否并不是他们与生俱来的，而是靠我们这些有良知的教师把真正作为一个有尊严的人所具备的知识和能力点点滴滴地渗透在教育教学中，让他们渐渐感受到自己在成长，感受到自己做一个有尊严的人活着是一件多么有意义的事、一件多么开心的事，这就是我教数学最大的收获。

前不久看见这样一则故事，内心很震撼：

一对年轻的夫妇家对面搬来一户新邻居。第二天早上，当他们吃早饭的时候，年轻的妻子看到新搬来的邻居正在外面洗衣服。

妻子对丈夫说道："那些衣服洗得不干净，也许那个邻居不知道如何清

洗,也许她需要好一点的洗衣粉。"

丈夫看了看妻子,沉默不语。

就这样每次邻居洗衣服,妻子都会这样评论对方一番。

大概一个月后,年轻的妻子惊奇地发现,邻居的晾衣绳上居然悬挂着一件干净的衣服,她大叫着对丈夫说:"快看!她学会洗衣服了。我想知道是谁教会她这个的呢?"

她的丈夫却回答道:"我今天早上一大早起来,把玻璃擦干净了。"

启示:在我们作出判断之前,首先要看一下你的"窗户"是否干净。我们所看到的东西取决于眼前窗户的纯净度。在我们作出任何评判之前,应该检查自己是否客观,是否能看到对方好的一面,而不仅仅是找出问题审判对方。所以,请务必擦净你的"窗户"。同时告诫你自己,不要戴着有色眼镜去看待平行班的孩子,每个孩子都有他的闪光点,教师要学会去发现他们的优点,鼓励他们,这样孩子和老师的关系会越来越好。著名教育家孙云晓曾说:"良好的师生关系胜过许多教育手段。"古训云:"亲其师,效其行,听其言,信其道。"只有学生与老师之间关系融洽,教育效果才会好。

现在班级也慢慢进入正常的轨道,我希望在以后的日子里,能用更多的心思去关爱这群孩子!偏爱后进生、厚爱特殊生、博爱中间生、严爱高才生!让师爱的阳光照进每个学生的心中!

爱学生　关爱学生

曾　媛

作为一名教师，教育工作实践告诉我，一名好教师应该具备的基本素质是献出爱心给学生，教育学生的前提是献出爱心给学生；教师的爱心，对学生学习、个性的发展影响甚大。有这样一句话："学生幼小的心灵好比荷叶上的露珠，晶莹剔透而又特别需要小心翼翼地呵护，稍不小心，这露珠就会滚落、破碎。"这句话让我特别感动，是啊，对于教育来说，无论是传统教育还是现在力倡的素质教育，缺乏爱，也就缺少了丰富的内涵。爱是教育的灵魂，只有爱，才能让教育真正焕发出美丽的光芒。我们每一位教育工作者，都要拥有一份爱心、一份真情，把我们的教育教学演绎成为一种真正的爱的艺术。

我班有一名同学纪律表现得相当差，不认真听讲、不写作业等，除此之外，他的行为表现也越来越令人担忧。与他谈话，他几乎每次说的都一样，如身体不好、胃痛、晚上睡不着，等等。上课精神不集中，经常在课堂上睡觉，学习成绩下降，除体育课外，在教室中总是表现懒散，一点活力也没有。我多次找他谈话，他总是表示要改进，到第二天却是"涛声依旧"。我觉得他心底一定有什么秘密，不然不会如此低迷，我应该想办法帮助他走出这种低迷状态。我与他身边的朋友交谈也得不到什么有效的信息。于是决定与其家长联系。他的家长感到很意外，没想到他儿子变得这么"坏"，很快赶到学校。我把情况跟他家长反映，希望共同合作，引导孩子说出心里话。我与家长一起从思想上、人生观方面对他进行教育。然而没多久，他又"复发"。由此看来，我的工作还没能深入他的内心。因而我常与他周边的朋友联系，通过不同渠道了解他。且多次与他家长谈话，共同探讨办法。我也不断找他谈心、交流，当他取得一点进步时，便大力表扬，并发短信给他的家长。一个月后，他表现出积极向上、想读书的欲望。

从此以后，他真的变了，虽然还比较内向，但学习刻苦了，纪律好了。然而我还是怕他再"变"。因此，我对他更加关注，只要有一点点苗头不对，

立即与他交谈，帮他分析不是，鼓励他要相信自己、战胜自己。目前，存在的问题是，他的学习不能尽快赶上，可能会再次复发，但我相信：通过我不断地关注，通过他自己的努力，他会成为令家长、老师骄傲的孩子。

献出自己的一片爱心给学生，让我们用一颗父母般的关爱之心把鼓励、真诚、平等和信任串成一串儿挂在学生心灵的窗户上，让他们时刻感受到父母般温暖的师爱——这种神圣、高贵而平凡的感情抚慰，让他们终日如沐春风，如沐春阳，让师爱之魂在他们的成长之路上永放光华！

孩子们的可爱之处

张馨予

已经踏入教师这一神圣的职业门槛，静下心来想一想这一个多月发生的事情，才发觉和可爱的小朋友们的故事竟然有很多了。那些美好的故事犹如花儿刚刚开过，我有幸感受到了她的绽放。作为老师，只要用真诚的态度对待学生，用心互动，我想总会影响学生，赢得学生充分的信任，从而主动学习。

9月1日开学的时候，我看到了那些陌生但可爱的脸庞。二年级的学生还是奶声奶气，非常可爱，他们看见陌生的老师，都露出了无邪的微笑，热情而友善地打着招呼。这让我对以后的工作、生活怀有深深的期待。

开学这一周对于低年级段的小朋友们来说，除了上新课，也要严格规范课堂纪律。在纪律方面，我觉得他们每天都在进步，这是最值得骄傲的。课文《火红的枫叶》就是在这一周教学，在教师节来临之际培养孩子们尊重老师、热爱老师的感情。课文中有这样一段描写："每当我拾起一片枫叶的时候，总以为找到了一片最红的。然而不久，我又找到了一片更红的。啊，我终于找到了一片最红最红的枫叶！它比朝霞还红，比玫瑰还红。它的样子也好看，就像我小小的手掌。我把这最红最红的枫叶贴在一张洁白的纸上，再写上一首小诗，做成了一张美丽的贺卡，送给亲爱的老师。"这个时候刚好是枫叶红了的美丽秋季，我让小朋友们去公园里、小区里观察对比各种树叶。第二天，孩子们纷纷来和我分享："张老师，张老师，我今天看到了那个黄色的叶子掉在地上，好可怜啊！""张老师，我今天去公园看到了红红的枫叶，好漂亮啊！"听着这些充满童趣的言语，望着他们热情的眼神，我提议他们周末去寻找自己最喜欢的枫叶，洗干净擦干后用小短绳绑起来，做成一个个小小的书签。小朋友们觉得非常有趣，表示一定会做好。我的心里也是十分期待，想看看他们到底做成了什么样子。

过了一个周末，周一的时候我看到了他们带来的小小书签，真是精彩纷呈，有的同学对色彩的把握特别好，选的枫叶特别红；有的孩子手特别巧，还在枫叶上画上了一只小狗；有的小朋友对颜色的搭配特别有心得，红红的枫叶搭配了一根黑色短丝带，看起来特别美丽大方……精彩之处太多了，不胜枚举，每个小朋友都有自己的见解。不得不感叹，小朋友充满童趣的想象力才是最难能可贵的。我们花了一节课的时间来欣赏全班各位同学的作品，同学们都觉得和它们书上的火红火红的枫叶一样美。

  一个星期多的时间不知不觉过去，教师节到了，在以前我是从来没有过过这一节日的。早在几天前我就收到了孩子们各式各样的小礼物。有给我画了一幅画像的，我和一只长颈鹿在一起，难道在孩子心中我长得像长颈鹿？真是可爱的想法。颜色鲜艳，画笔稚嫩，很有童趣，果然孩子都是天生的画家！还有个小男生给了我一封信，自己折了个信封，信封上写着"张老师的售"。哎呀小马虎，你"信"和"售"都分不清，看来得好好辅导辅导你的生字了！拆开信封，里面的内容让我笑了起来。我问他："你给老师画一排圆圈干吗呀？"他给我解释了，原来画的是爱心！手法太生疏了，画的都是半圆半爱心的形状。还有让我惊喜的，有个同学用彩色纸卡涂了一个信封，交给我后便看着我。我在他满怀期待的眼光中打开了信封，哎呀！里面是我在现实生活中看到的最红的枫叶！真是太美了！这个小朋友说："张老师，这个就是最红最红的枫叶，送给亲爱的老师！"当时的我不知道是什么表情，但是我的内心已经起了波澜。这些孩子，在我刚当教师的时候给我送上了他们的礼物，都是他们的心意，他们的想法，他们的创造力，这是多么多么珍贵的宝贝，我一定会好好珍藏的。同时我也非常庆幸自己走进了这些孩子的心里，在他们幼小的心灵中有那么一处空间是属于我的。那一刻，我深深体会到了职业自豪感。在这条路上，我将继续前行。

感动洋溢心中

刘珍珍

十年树木，百年育人，教师肩负人类灵魂工程师的神圣使命。正如陶行知先生所说："教师操着民族和人类的命运。"人们给予教师的赞美同样毫不吝啬，"春蚕到死丝方尽，蜡炬成灰泪始干""辛勤的园丁""任劳任怨的铺路石"……但教师也是一个个平凡的人，有着一切常人所有的烦恼和忧愁。就在这平淡、琐碎的生活中，发生着一个个令我们感动的故事。

记得刚到滨河的那一年，我担任一年级的语文老师兼班主任，和这帮还不知道什么是学习，什么是规矩的小毛孩相处，真的是难上加难。闭上眼睛，脑子里不断浮现出一幕幕场景：走进教室，还有几个小男孩在哭鼻子，嘴里不停地说"我不上学，我不上学"；一个小女孩悄悄地走过来红着脸说："刘老师，我尿裤子了。"……

一个皮肤黝黑、个头矮小的男孩引起了我的注意，我们就管他叫小 Y 吧！他站在教室门口，眼泪汪汪地望着学校的大门。我走到他身边小声地对他说："小 Y，为什么还不回座位呢？"他抬头看看我，什么也没说，继续望着校门。随着他的目光，我看到一位 30 多岁的男士正在向他挥手，应该是小 Y 的爸爸，爸爸示意他回教室，可这时小 Y 哭得更伤心了。原来小 Y 是想跟爸爸回家，不愿在陌生的学校生活、学习，在我和他爸爸的努力劝说下，小 Y 终于进了教室。可到了中午，小 Y 找到我，并跟我央求要回家，不管我怎么劝说，他依然坚持，最后还是在爸爸的陪伴下，完成了一天的学习，就这样重复着过了一周。我思索着：这样也不是办法呀？我把小 Y 带到办公室，跟他说："爸爸需要去工作，不能每天都在学校陪你哦！在学校我就是你最亲的人，你有什么需要都可以来找我。"小 Y 用稚嫩且怀疑的目光看着我，我立即拉起他的小手说："每天下午 4 点就放学了，爸爸会第一时间来接你的，不信我们拉钩。"小 Y 半信半疑地伸出了小拇指，和我拉了勾。第一天，小 Y 的爸爸准时并第一个到学校接他。在接下来的一个月里，小 Y 随时都会来问我："刘老师，几点了？"我都会如实告诉他时间，并用肯定的语气告诉他，爸爸一定会准时来接你的。我想也是在这时我们两个之间发生着一些变化，渐渐地我们的眼神里多了一些信任和感情。下课时也喜欢黏着我，跟我说这说那，而我也常常面带笑容地和他开玩笑，说故事。

　　在和这帮调皮的孩子相处几个月后，某天，孩子们去上体育课了，我一个人在教室改作业。后来犯困睡着了。铃声响了，孩子们就要回教室了。这时我听到一句句愉快的欢呼声在教室门口响起，他们快进教室了，我正准备抬起头，突然那欢呼声戛然而止，然后用很小的声音说："刘老师睡着了。"我突然很好奇，想看他们会做些什么，便仍然趴着装睡。有几个孩子轻手轻脚地走进教室，教室里一阵叽叽喳喳的声音，都在小声地说话："轻点，轻点。"教室里面是安静的，可教室外面是喧闹的，突然我又听到一个较响的声音在教室门口响起："轻点，刘老师睡着了！"于是我听到又有一些孩子进教室了，同样轻手轻脚，同样轻声地相互告诫着："轻点，轻点！"我继续听到教室门口那此起彼伏的轻声的提醒。只因为教室里的我"睡着了"。我坐不住了，心里被暖暖的东西堵着。抬起头，微笑着看回到教室里的孩子们，发现已经有一大半的孩子都回到自己的座位上了，但他们却是那样的安静。看见我抬起了头，都说："刘老师，你醒了啊？""是呀！"我回答，脸上洋溢着笑意，那一刻我真感到了莫大的幸福。

　　我感慨自己是他们人生道路上一名普通的教师。作为一名青年教师，我时刻收获着感动，我是幸福的。在校园路上，一声声甜甜的"老师，您好"让我感动；节假日里，一句句真诚的祝福让我感动；嗓子不舒服时，一颗颗小小的润喉糖让我感动……让我们记住身边的每一次感动，给身边的人最真诚的爱，让所有的人都沐浴着爱的阳光，让我在这条幸福的大道上继续前行吧。

春风化雨，润物无声

蒋 丹

我要去支教，这是我的梦想。之所以用上"梦想"这个词，是因为我知道，不管什么时候我都要去实现它，而我也始终是坚持着并且相信着这个梦想。它仿佛是一根藤，紧紧地缠绕着我的心，并且不断顽强地生长，愈发茂盛，那绿色的叶子在我心中落下了点点斑驳，为荒芜的沙漠添上一种生命，鲜活的生命。

不知道它从什么时候开始萌芽的，或许就是那个时候，在我看到那张图片的时候。那照片上有一双手。那是一双沧桑的手，深褐色，上面布满了老茧，手掌的纹络很深，粗粗的皮肤有几道新鲜的伤口流着脓血，因为冬天的原因手被冻得通红，布满黄黄的污垢。天哪！我真的不知道还能用什么样的文字来描述这双手，因为它已经超越了我文字的极限，触目惊心！让人看一下心就忍不住痛一下，真的，令人窒息的痛。

那是一双小孩的手，年仅10岁的孩子的手啊，竟沧桑得如一个垂暮的老人！此刻那双手正笨拙地拿着一根短得可怜的铅笔，慢慢地、一笔一画地在破旧的纸上留下那稚嫩的字迹，一双清澈的大眼睛迷茫地盯着你，让人揪心！他还那么小，应该是躲在妈妈的怀里嚷嚷着去游乐园玩，可现在却还在为能上一天学而兴奋得睡不着觉。冒着危险用好几个小时翻几座山，仅仅是为了上学！而且那儿的教室还是露天的，用土墩儿当桌子和椅子，以玉米当饭，一根铅笔能用好几个月。在当地，最好的教室也就是一座破旧的房屋，地上满是泥泞。帮大人干活、不能上学的孩子，有时偷偷摸摸在教室外面羡慕地向里看，也会感到莫大的满足。这就是西部贫困山区的孩子啊！心也许就是在那一刻被触动的，支教这个梦想就这样小心翼翼地种进了我的心里。

终于在2011年，机会来了！当我们看到那些受助孩子时，我们不得不相信：再富有的城市也有穷人，再好的学校也有贫困生。给我印象最深刻的有三个孩子：第一个孩子拄着双拐，但她的脸上却始终洋溢着令人感动的笑容。当我为她搬来椅子时，她轻轻地道了声"谢谢"。后来，从受助学生情况表中我才更加深刻地认识到她那微笑与"谢谢"的含量。她是一个自幼患有小儿麻痹症的孩子，无父无母，与爷爷相依为伴，但学习刻苦，在学校品学兼优。另两个孩子是在发放礼物时认识的。当时我手中拿着最后一份礼物问谁没有时，却无人答应，我四处搜寻一遍后，才发现一个戴着助听器的男孩手中空无一物。我暗想我的声音应该不算太小，相比之下上课他该怎么办？在这样的条件下，他依然能坚持学习，毫不懈怠。我认为这应该是一种伟大吧。最后一个孩子是发完礼物进行交谈时认识的，看着他手中开封的礼物，我习惯性地问了句："礼物漂亮吗？"他腼腆地点了点头。不一会儿，陪同我们的该校老师也来到了他的身旁，和他交流。我在不经意间听到了他们的对话。老师问那男孩眼睛好些了没，看不看得清楚。他的回答是看不清楚。我顿时意识到自己说错了些什么，但那孩子懂事的回答更在我的心里烙下了深深的印记。

  一天内，由于连续学习，孩子们比较疲惫，因此我们安排了课外实践，带着小朋友一起做活动。在此期间，我看到了孩子们的合作，看到了他们的团结，看到了他们的拼搏，也看到了和平时不一样的他们。在我们眼中，世界有很多种情况，并不是非黑即白，然而，在孩子们的世界中，只有好与不好。孩子的世界，真真切切，特别简单。在当天的游戏中，孩子们一起做抱团游戏，做到最后，一组中人数多，需要淘汰一个人。班长本来是有资格继续玩下去的，然而他为了其他同学能玩得开心，毅然退出了。在这次活动中，年幼的孩子用他们的真诚与淳朴，给了我们不一样的欢乐。和孩子们在一起的日子，每时每刻都氤氲着感动。依依惜别那些孩子时，我心中的五味瓶似乎被打翻了，有着一种难以描述的感觉。但仔细想了一番，我觉得我亲手触摸到了一直都在寻找的宝贵精神：坚强、自尊、自信和感恩的心。

  童年是无忧无虑的，这从孩童世界的天真、活泼与可爱可见一斑。课堂上孩子们积极地举手发言，畅所欲言。都说童言无忌，他们可以不假思索地说出自己的梦想，他说他想当科学家，她说她想当发明家，孩子们的眼睛里满是真诚和纯净。短暂的相处，他们视我为老师，虽然我教给他们的东西甚少，但是他们总是甜甜地说"谢谢你，老师"。一声"老师，再见"总让我不舍。这是我第一次支教，第一次和孩子们上课、玩游戏，第一次和那么多孩子朝夕相处。他们小脑瓜里的奇思妙想，让我感受到了不一样的童年，让我渴望可以回到那个灿烂的年龄，在阳光下奔跑，在教室里读书。角落里的他们，端正地坐着，眼神里充满着渴望，小声地说话，害羞地低头，我知道他们也希望跟在老师的身后，亲密地打闹。希望有一天他们也可以在人生的舞台上，做自己的主角。

灵魂的工程师

周凤君

教师是人类灵魂的工程师，教师是太阳底下最光辉的职业。我很荣幸地加入到教师这个大团体、大队伍中并努力地为之付出着。今天就让我谈谈我的教学经历和个人感想吧！

2011年下半年，是我大学生涯中最后一个阶段，也是我人生的第一个转折点。一个周末下午和室友逛街时，发现路边的小广告栏上写着"招聘平面设计讲师"。咦，这不正适合我所学的专业吗？何不去尝试一下！抱着试一试的心态，我拨通了广告上的电话。一阵沟通过后，迎来了我人生中第一个面试机会。开始面试时还有点小紧张，但这并没有影响我的面试成绩，估计是因为校长看到了我准备很充分，且效果还不错吧。就这样我成功地被聘用了！多大的好消息啊！入职后，校长给了我一个星期的时间适应那里的环境，然后拿出了学校整编的教程让我学习。我的理解能力还不错，一个星期过后我就能够完全驾驭这套教程了。几个月过后，我也习惯了培训学校的教学模式。但此时，我在想："这真的是我想做的工作吗，这种每天对着电脑讲着软件的工作我真的打算做一辈子吗？"深思熟虑过后，我给了自己一个答案，如果我能够进入到真正的校园，给孩子们传授知识，该有多好呀！

时间一晃到了过年，生在农村的我，过年那种热闹非凡的场面，亲戚朋友之间那种久未见面的热情和问候，是一言一语所不能形容的。在大家东一句西一句、你一句我一句的谈话中，我居然发现有一个远房的表姐在学校里做老师。我瞬间在心里对她竖起了大拇指！人生中的第二个转折点就这样拉开了序幕……

时间来到了2012年2月，按照惯例，面试、试讲、入职……我就这样顺利进入了教育行业，我也被学生们亲切地称呼为"周老师"。最开始因为我之前做过计算机讲师，所以学校安排我承担小学部的信息技术教学。每天在上课之前，备好当天要上的内容，然后让学生排好队，有序地进入计算机室。小学部每个年级的学生所掌握的信息技术是不一样的。于是，我自己制定了一个教育方案：每节课拿出 20 分钟的时间给同学们讲授今天这节课要学习的主要内容，然后出些操作题让同学们来具体操作，剩下的时间就开始逐个辅导，毕竟不是每个学生都能够完全掌握所学的知识。为了让学生对所学到的知识加以巩固，我会时不时地利用上课前的 5 分钟复习并巩固上一节课学习过的内容，然后才开始上新课。当然，对于学生的学习情况我也会有奖励，虽然信息技术这门学科几乎所有的老师都不重视它，而我却把它当作我人生中第一个锻炼的平台，努力地尽我所能去教好他们，让他们爱这个学科并学有所成！

或许正因为我这种视副科为主科的心态，引起了校长的关注，学校开始安排我担任一年级六班（一年级的最后一个班）的副班主任。之前就听闻此班的各个方面都有待加强，到现在我算是明白为什么校长会如此安排了。果真！一个学期的副班主任生涯让我在接下来的班主任路上走得顺风顺水，可是当班主任的同时我还兼任三年级两个班的语文老师，这算是我教师职业生涯中第一个真正的挑战吧！之前的种种想法都是铺垫，为了有一天走上班主任的岗位。有了一学期的副班主任经验，班主任的工作简直是游刃有余，可是语文教学呢？中华上下五千年的历史和文化如此博大精深，不像计算机学一些具体的操作就行，语文可是一门很有内涵的学科，要靠一定的经验、知识积累。迎难而上吧！告别了信息技术教学生涯，从此向语文教育进军！我会成功的！坚定了自己的信心，我开始去学习一至六年级所有的语文书，然后查看教辅资料，再向优秀的老师学习借鉴。就这样抱着不懂就问的心态，再加上自己的刻苦学习，我迎来了语文教学生涯的第一次半期考试，当时总共有 4 个班，我所教的班级学生平均分位于年级第二，这对于我这个初入语文教育行业的新手来说，算是一种安慰吧！在摸清了语文教学的模式过后，再加上自己的仔细钻研，没什么问题了！可是在班级管理上，三年级的学生不像一年级的小朋友，老师说什么就是什么，三年级的学生已经有了自己的一些小想法。因此，在课余时间，我会抽空和他们沟通，和其他学科的老师沟通，当然最重要的是和他们的家长沟通。要想真正了解一个学生，就必须了解他的生活环境以及父母的一些情况，俗话说"知己知彼，百战不殆"，就这样，我和家长们一起构成了学生的保护墙，同时我们也和学生一起共同成长。

到现在我的教育生涯已经度过了 5 个年头，相比有着很多年教学经验的老师来说，我也只能算是初入门，可是我爱上了这个职业，爱上了这个

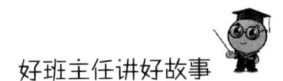

岗位，更爱上了讲台，爱上了学生那种求知的眼神，爱上了关于教育的所有所有……我，不懂就问；我，不断学习。对教育，我有着强烈的激情；对学生，我有负责任的态度，我会在教育的道路上一直走下去……

教师是人类灵魂的工程师，教师是太阳底下最光辉的职业！

用爱呵护学生的心灵

谢曾艳

著名教育家陶行知说过,"在教师手里操着幼年人的命运,便操着民族和人类的命运",可见教师这个职业担负着多么艰巨的责任。尊重学生,热爱学生,公平公正地对待每一个学生,用实际行动去呵护学生的心灵,是教师应该具备的基本素质。

刚来滨河,学校让我担任副班主任。没有班主任工作经验的我想当然地认为副班主任工作很简单,只要班主任不在的时候,让班级的学生不出现意外就可以了,然而一件小事改变了我的看法。一个平时调皮捣蛋的男孩在课间活动踢球时,把一个女孩子撞伤了,班长带着受伤的学生来找我,说男孩子踢完就跑了。看着女孩子肿胀的眼睛,我不管三七二十一就把调皮的学生叫到办公室,从他平时的表现、学校的规定、班级的纪律,一句接着一句,批评了他十几分钟。他一直低着头,一言不发。可当我抬头看到他眼角泛起的泪花时,不知为什么,我的心突然软了下来,放下心里的焦急,我轻声对他说:"老师不是要骂你,可是你的行为实在很危险,同学的眼睛都肿了,而且你还没有及时道歉就跑掉了。"他无言了一会儿,小声说了一句:"我不是故意的,我也不是想跑。"我有些迷惑,继续询问下去,原来他是想把球给别人踢过去,却不小心踢到了女生,他也不是跑掉,而是去拿帕子,准备用冷水给女孩子敷眼睛。原来是那个向我报告的孩子没有表达清楚,使我误会了眼前这个平时调皮捣蛋而又是如此心细的孩子。我感到很内疚,由于自己对学生的偏见而深深伤害了学生幼小的心灵。这件事已过去很久,可一直令我无法释怀。很多时候,我们基于自己的生活经历、教育经验、思维方式,总能很快地发现学生的不足,常常在自己的心里给学生下"定义",而忽略了学生的内心世界。此次事件给我很大的警醒,我逐渐养成了一个习惯,不管学生犯了什么错,到我这里来,我首先要问的第一句话便是"为什么"。我不断地提醒自己——多问一句话,多等一会儿。我也不再是班主任不在的时候才去班里,而是把自己当作班主任,时刻关心班里的孩子，和班主任老师一起管理班级，共同学习和成长。因为不管是教书还是育人，都要我们用爱去耕耘，无论发生什么事情，都要让自己的心情沉淀下来，先让学生把话说完再做出判断。这样，就可以避免工作中很多失误和遗憾。对那些平日里调皮捣蛋的孩子，不能冷眼相待，要以诚相待，给他们以心灵的呵护。

小 Y 是一个长得很帅气的小男生，白皙的脸上，生着一对铜铃一般的大眼睛，十分精神。他的眉毛经常紧紧地皱起，眉宇间形成一个问号。第一次接触，就因为上课注意力不集中、随便拿同学的东西，我便把他叫到了办公室。到办公室的一路上，他拖拖拉拉，到了门口也不喊报告，后来我在办公室苦口婆心地教导了他一节课，但是一点用都没有，他还不断撒谎，说自己肚子痛、头痛，要上厕所，让我气愤不已。最后他终于勉强承认了自己的错误，也力争改正。中午吃饭时，我把他的情况跟班主任老师交流了一下，结果才知道他是一个比较特殊的孩子，有多动症，每天都要吃药控制，他妈妈因为他的事情操碎了心，也专门到学校跟老师交流他的问题。听到这个情况我自责不已，作为副班主任的我没有及时了解他的情况，也没有在学校生活和学习上给予他更多的关爱。下午我又专门找时间和他细心交谈，才知道他原来不是不想听课，而是自己根本没有办法集中精力，父母也带他做了专门的检查，不过好像没有办法治疗，只能控制病情。后来我和班主任商量，专门找学生时刻关注他，把他每天在学校的表现向我汇报。在我们的帮助下，他上课能够不捣乱，安静地听课了，也能够完成老师布置的作业了。教师节的时候，他妈妈还专门到学校来感谢我们对他的帮助。

面对一个个正在成长和发展的孩子，作为教师，不仅要担负起传道、授业、解惑的重任，更要关注学生成长中的点滴，尊重学生的差异。面对如此重任，我们怎能不将师德牢记，做到对学生负责、对社会负责、对祖国的未来负责呢？

学无止境

周 恒

人们常说,老师是知识的化身,是智慧的灵泉,是道德的典范,是人格的楷模,是学子们人生道路上可靠的领路人。诚然。可我总觉得老师除了要做好一个知之者,更应该是一个好之者、乐之者。换言之,当我们终于能为人师表,站上三尺讲台时,更要随时不忘提升自己,做一个善于学习、乐于学习的老师。

我曾听说过这样一句话:不当班主任的老师不是真正的老师。当班主任一年来,才对这句话有了自己的理解。当了班主任,才能更深入地走近学生,真正融入到这群可爱的孩子们当中。

不积跬步无以至千里,不积小流无以成江海。在要求孩子们每天早上诵读这些经典的同时,我对这句话也有了自己全新的理解。从开学初期练习足球操到平时足球的保管,从办班级黑板报到外墙设计,从班级卫生的打扫到保持,从与学生的交流到与家长的沟通……原来这些看起来很小的事,真正要做好,都得很"走心"。就拿保管足球这件小事来说,我们班总共有 69 名学生,每个孩子每天都要带上足球、快板、饭盒还有字帖到学校,本来拥挤的教室就显得更加狭窄了。在寒冷的冬天早晨,看似不重的几样东西,对于一个个穿着臃肿冬衣的四年级孩子而言,要把它们带上挤着公交到学校,已然十分吃力,却还要背上重重的大书包!初期,无论我三令五申,总会有孩子忘带,想到孩子父母上班也不容易,总让家长送过来觉得也不是办法,为了减轻他们的负担,我让他们放学后不用把足球和快板带回家,而是直接挂在凳子上、放在抽屉里。可是不久我就发现,足球由他们自己保管,挂在凳子上,球是死的,可人是活的,尤其是男孩子,上课总会因为凳子上的足球而分心。另外,常有同学的足球掉到地上,给打扫卫生的同学增加了负担。实在想不出更好的办法,我就到各个班去看别的班主任是如何管理的。走了几个班,总结出了别人的好办法,现在我们班把足球统一放在几个大箱子里,并摆在教室前后的空地方,等到需要使用时才分发。

虽然这样做还是会很麻烦，但能相对省掉一部分麻烦。

要进步就要学习。于是，只要一有空，我就拿着听课本去听付海老师和唐老师的课。付海老师的课总是精心准备，激情洋溢，虽然班里有70多个孩子，但是在她的课上每个孩子都能得到关注。我在她的课上学会了灵活机敏，尽自己最大的努力关注每一个孩子。作为一个语文老师，我却很喜欢听数学老师唐老师的课，原因其实很简单，每当路过她的课堂，总能看到所有孩子都坐得端端正正，聚精会神地听讲。只要没有经过她的允许，就没有一个孩子敢动弹。我想学的正是唐老师的课堂常规，像她一样有万分的吸引力，让每个孩子都把注意力集中到我身上。

我们都觉得现在的学生难教，不懂家长、老师的心思，无论你怎么付出，学生都很冷漠，甚至连我们自己也变得很冷漠了：学习是你自己的事，学不学与我有什么关系？于是，我们与学生的距离越来越远，走近学生成了一种奢侈，更不用说走进学生的内心了。但经过这些学习，我的思想有些变化。他们两位老师跟学生的关系确实很亲密，不仅走近了学生，更走进了学生的内心，所以学生都是发自肺腑地对他们表示认可、尊敬和爱戴。我从付海老师班精心布置的外墙可以看出学生对老师的爱戴。而我与他们相比较，有很大的差距。或者说，我很少在学生身上做文章，与学生之间的感情交流少，所以我在学生情感上的收获就少。通过学习，我觉得我还是要多跟学生交流，先走近学生，慢慢走进学生的内心。我相信我的班主任工作会越来越顺手。

人就是在这样一点一滴的学习和思考中，学会他人的长处，弥补自己的短处，并且一点一点地成长。感谢班主任这个职位，让我成就了更好的自己。

换个角度看问题

冯飞龙

我发现,许多学生对体育课的认识有偏差,在他们的头脑中,体育课充满欢乐的、愉悦的、轻松的气氛,然而这与正规正式的体育课相差甚远。比较正规的体育课,会安排一些正式的教育内容(如队列和一些竞技项目技术的学习等),如果教师的教学方法呆板、生硬,组织形式单调,就会使这种差距增大。于是,有些学生就会慢慢疏远体育,越是高年级的学生,表现越明显。那么如何改变这种现状呢?

记得有一天下午,下课铃响了,和往常一样,有同学迫不及待地跑过来问我:"老师,今天这节体育课上什么内容?"以往我跟同学们说所学的内容,如果是他们喜欢的,他们就会兴高采烈,手舞足蹈;如果不是,他们就会垂头丧气。而恰恰今天我要教的内容是同学们最头痛、最怕的一个——"耐久跑"。虽然之前我针对这堂课的内容,设计了一个比较好的教学方案,但我还是不想让同学们因提前预知而失去上课的兴趣,所以我故作很神秘地告诉他:"请放心,今天这节课你们一定会喜欢。"这个同学听完以后,非常开心地跑开了。后来又有几个同学过来问今天的课会上什么内容。我对他们说上课时我会说的,于是同学们带着好奇、兴奋的心情等上课铃响起。

上课铃响了。我来到操场,看到许多同学都在用好奇的目光打量操场上摆放的器材,看见我来了,争先恐后地跑到我面前问这问那。我连忙用一个手势制止了他们,并叮嘱体育委员整队。终于轮到我宣布上课的内容了,同学们都竖着耳朵,聚精会神地听着我宣布答案,以往一说到学习耐久跑时,同学们不是皱着眉头,就是唉声叹气,而今天学同样的内容我改了一个名称,我说:"今天学习长征体验。"话音刚落,同学们就七嘴八舌地议论开来。一个同学说:"咦!今天学的这个内容蛮有意思呀。"另一个同学接过话说:"这长征应该是过草地、爬雪山吧!"这时又一个同学说:"别说话了,我们还是听老师讲吧。"于是刚才还热闹的场面马上安静下来。

课前,我已在操场上布置了场地,设置了一些障碍,如草地、雪山等,我抓住时机提出要求，并用语言鼓励学生争夺"尖刀排"。练习开始，同学们成二路纵队站立于起跑线位置。随着哨声吹响，孩子们像离弦的箭一般冲了出去。我站在队伍边上，不时用语言激励学生争夺红旗，看着学生们一圈一圈快速跑着，模仿着爬雪山、过草地等各种动作，我开心地笑了。不知不觉学生已超过了规定的圈数，于是我连忙吹起哨声，并对他们说，你们胜利了，你们已经到达终点了。也许是同学们还沉浸在情境中，也许是他们早已忘记了疲惫，大多数同学的脚步都没有停止。过了一会儿，同学们才兴奋地喊着："我们终于跑完了，我们胜利了。"还有同学意犹未尽地跑到我面前说："老师，下节课还上这个内容好吗？"我笑着问："你们不怕累吗？""不怕，我们喜欢。"这种坚定的回答足以证明这节课已经成功了。

　　同样的课，同样的内容，此次我只是采用了与以往不同的教学模式，针对学生好奇、好胜的心理特点，通过创设情境，模拟长征途中遇到的艰难险阻，教授教学内容，让学生在快乐的情绪中完成教学任务，其教学效果全然不同。通过这次课，我也深受教育与启发，墨守成规是培养不出具有创新精神的一代新人的。我们只有在教学思想和教学方法上大胆改革，敢于尝试，敢于摆脱原有的教学模式，在课堂上给学生创设宽松、愉快的学习氛围，让学生的大脑动起来，给学生广阔的思维空间，让他们学会独立思考，使他们积极行动起来，激发他们不断创新的欲望，才会事半功倍。总之，只要我们敢于尝试、敢于实践，就会有意想不到的收获。

办好角色，做好自己的那点事儿

孙 杰

办好自己的角色，做好自己能做的那点事儿！曾经的我在学习工作上努力过、徘徊过、坚守过、改变过、喜悦过，总归还有收获成长。

在我的教育教学中，我坚守快乐教学。何谓快乐教学？快乐教学即让学生在我的课堂上快乐学习。一直以来，我的体育课注重学生的乐趣和喜好，鼓励学生快乐学习、快乐成长。老师应像阳光般温暖学生的内心，照亮学生寒冷的世界。由于体育课是以活动、实践为主的课程，这就要求我们每一位体育老师练就"火眼金睛""顺风耳"，随时随处都要发现问题、处理问题、解决问题。在教育的道路上，我的梦想微不足道——只有和学生们在一起，我才能找到精神上的快乐和自尊。只要我的鸽群能翱翔蓝天，只要我的雏鹰能鹏程万里，我情愿让我的青春乃至整个生命在跳动的烛火中升华，在血液的鲜红中奔腾。我深知，我不是栋梁，但我的事业是栋梁；我深知，我不是未来，但我的事业是未来。

在德育工作中，这一年半的德育工作经历是我人生中宝贵的财富，不仅提高了我的组织管理能力、沟通交流能力，同时也提高了学生的道德认识水平，陶冶了他们的道德信念，锻炼了道德意志，培养了良好的道德行为习惯！那接下来的日子里，我便要思考我能为德育工作做些什么？除了落实好本职工作外，是否应该思考德育工作的坚守与改变呢？学校德育多数以各种活动为载体，通过组织各种大型活动、社团活动以及各种节日的纪念活动，使学生在体验和感悟中不断成长。我想"静下心来教书，潜下心来育人"，德育教育最本质的是学生内心的改变和成长，量变才能引起质变，心灵与心灵的碰撞是否又更能够有效地达到育人的个别目的呢？这些对工作的反思和改变也是一种力量，推动我前进。

育人路上多一些谦让，就少一些心灵的隔阂；多一分理解，多一分信任，就多一分友爱；多一分宽容，才会有关爱和阳光。其实多反思、多沟通，我们每个人头上永远都是一片晴天。

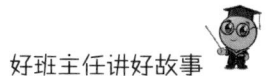

好班主任讲好故事

用一句话概括,在滨河学校,我只是一个兼职主持人、德育干事、团委书记、啦啦操教练员的体育老师,办好角色,做好自己那点事儿。我的所有成长、所有进步离不开学校这个平台,是教育教会了我厚德,是学校提升了我专业,我才得以在这个舞台展示自我,以后我将继续以花苞心态对待生活、对待工作,讲学习、添激情,争做身边人的榜样,永葆教育的良知,静待花开,为滨河的十岁生日献礼!

杏坛芬芳路漫漫,新人报道求索之

邱偲丽

我是今年的应届毕业生,入职不到两个月,对教育教学的难度却是深有体会。

工作岗位所需要的技能和大学传授的教学技能有很大差别。与其说是有差别,不如说我不会变通地使用理论。大学里模拟上课对象都是一个好的班集体,而我教的班级有两个:小学四年级的一个班级和初中八年级的一个班级。首先跨学段教学对我就是一个很大的挑战。另外,我还是四年级二班的副班主任,忙碌的工作从九月一日起慢慢展开。

四年级和八年级的学情截然不同,四年级学生年龄小,对老师唯听是从,教学上比较轻松,但是课堂管理是个比较大的问题,因为小孩子的注意力很容易分散,随时要注意用新颖的方式让孩子们的注意力回到老师身上、黑板上和课堂里。八年级的孩子步入青春期,性格会转变得稍叛逆。课堂的把控需要老师以严厉严肃的方式处之。虽然我主要的任务是这三个班的教学,而课堂管理却给我奠定了一些班主任经验。

首先,我跟班的是四年级二班,每天课间操必须下去守住学生好好做操。在观察他们的时候,我发现班主任李老师在学生犯错上是相当严厉的,这也是我最有体会的一点。因为是新教师,缺乏教学管理经验,从一开始,我就没有好好把威信树立起来,导致后面上课全班经常闹成一团,包括一些比较听话的学生也开始不守规矩。都说新老师刚上岗很容易被学生欺负,但我却不认为这是欺负,而是自己自食其果,没有以严格的标准来要求学生,这样反而是伤人伤己。我带的八年级一班同样也是这样,他们都以为我是一个特别好商量,又不怎么会发脾气的老师,所以上课不听讲,讲小话已然成了常态。

刚开始出师不利,后面慢慢补上,发现自己还是缺乏经验。连班上的一些孩子都说:"邱老师,对他们凶一点嘛。以前我们的××老师很凶,也管得了那些调皮捣蛋的孩儿们。"当时心里真是自愧不如啊。原来当我面临实战的时候,一开始最大且最主要的问题却不是教学,而是管理。

之后的每一天睡觉前，我都在想怎么能把他们管住。由于不是一开始就接手这些班级，对他们也不太了解，在我用了我所认为的"惩罚"后，他们却不以为意。可能他们也是之前被很优秀严格的老师带过，遇到我这么个新手菜鸟，自然就不怕。开学到现在快两个月了，课堂管理是我一直在思考摸索的问题。我也有和小学初中这边的班主任老师交流过，学到的方法我用的都不太理想，所以这条路注定是需要我自己来摸索，因为你不可能让班主任老师帮你镇压课堂。

　　四年级这边，身为副班主任的我对他们要严厉一点，但班主任李老师告诉我孩子们年龄还比较小，要多使用鼓励表扬的方式，尽量少用直接批评。我想想也是，如果一味地去批评这个学生，首先他的自尊心会受打击，长期的批评无形中给学生贴上了"我是差生，表现不好"的标签。另外，表扬一部分同学，其实就相当于批评另一部分同学。孩子们最喜欢出头，让老师喜欢自己，所以会争取表现好。在这种激励机制下既能够保护孩子的自尊心、自信心，还有利于调动课堂活跃的气氛。

　　初中八年级这边，批评似乎成了家常。因为学生都比较大了，班级纪律一直都不好，很多任课老师都在批评责骂学生。其实这也不是我想要的，感觉这些大一点的孩子对批评已经麻木了。我记得第二周周四早上因为纪律问题，我停下课开始批评全班，整整一节课都用在这上面了。因为成熟教师都说，如果刚开始没有把课堂规矩立好，后面行课就很难。到了下午上第二节英语课的时候，我本以为课堂效果总该好些了吧。结果太出乎意料，这些学生跟啥事都没发生一样，该闹的还是在闹。真的是好意外。后来的教学便证实了这些孩子不是随便靠骂骂就能听话的。

　　骂了这么久，也批评了那么多次，效果总不见好。后来有一个学生上课讲话（这已经不是他第一次这么做了），我直接让他到办公室去站着，等我下课再来收拾他。课上完了，我看见他在办公室规规矩矩地站着，我当时从抽屉里拿了两颗糖给他，说："表现好是吧？邱老师请你吃糖。"他摇摇头说不要。我说："我把你叫过来的目的，不是骂你（和我往常的做法很不同），而是让你知道你错在哪里。你知道你错在哪里吗？"他闷声不语。我继续说："是让你知道在邱老师的课堂上不能随便讲话，你知道吗？其实我还是很喜欢你的，每次补作业很认真，再怎么样都要交过来。你把这两颗糖拿着，下次乖点啊！"他严肃地接过糖，说了一句"谢谢邱老师"。之后我让他回教室上课。到第二天，我上课的时候，看到他默默地趴在桌子上（他基础不好，听不懂），虽然没有认真听课，但至少没再滋事儿了。我顿时有一丝欣慰。

所以,我觉得对学生一味地批评其实不一定有用,有时候来点糖,说不定会让他更加懂得感恩。但我接下来的问题是怎样严格把握课堂,并且抓住学生的基础。不管是四年级还是八年级,更多的还是要用触碰到学生内心的方式去教育引导他们。

教育里的故事

唐小霞

说到教育里的故事，我首先就想到班里的一个孩子，他是我看着一点一点成长的。虽然只有一年的时间，也没有像很多书上的故事情节那样令人震撼，但是他的变化还是让我印象深刻。

他是一个看起来很可爱的小男生，很讨人喜欢。不过在课堂上他却又是需要我多次提醒，让我很懊恼的一个娃娃。一年级上期开始时，很多孩子都是课堂上坐不住。经过一段时间，很多孩子在慢慢地习惯课堂要求，但是他一直在原地踏步。作为老师，我不愿意看着我的学生一开始就输在起跑线上。我用了很多很多办法：鼓励他、心平气和给他讲道理、批评他，所有的这一切好像只管得到一两天的时间。时间久了，我都不知道到底怎么做才能改变他。

他最大的问题是上课总是不在状态，换句话说，总是处于神游当中。每次课堂上只要眼神扫过他就会发现他的眼神都没聚焦。每次课堂练习，大家都做好了而他才写一点点。

有一次家长打电话给我说他的情况，说到有一天他哭着说："我好没用，我什么都不会，大家都不喜欢我。"他的这句话给我感触很多，我惊讶于一个6岁的孩子口中能说出这些话。这让我看到了他对自己的不自信，看到了他对现在的自己不知所措，所以我很想通过自己的努力帮他找回自信。

最初他在数学上的基础很薄弱，却又很想得到老师和同学的肯定，但是因为能力有限，没办法在同学面前很好地展示自己。家长也在很努力地帮助他。在一段时间后，有一次我坐下和他聊天，尝试着考了他几道口算，他都能很快地回答上。我一脸惊喜地说："你现在怎么这么厉害了，怎么回事啊？"他很自豪地说："最近我天天在家练习口算，现在做一页只会错一两个了。"与此同时，旁边两个同学也表示他最近有进步。能看出当时的他心里真的很高兴。

一年级下期直至期末，为了调动孩子的积极性，每天练习课上都有奖励，孩子们都很积极，渴望得到肯定的他也不例外。经过一段时间，我发现在练习课上他基本不存在卷子上留很大一块空白不写的问题，而且完成的作业看得出很认真。有一次，课堂测试一张卷子，下课了他还有好几道题没完成。我很认真地看着他问："为什么?是不是又走神了？"他很紧张地说道："不是的，是我这道题不会。""你不会就留着，先做会的。再给你一些时间，待会儿交给我。"说完我离开了教室。过了一会儿经过教室，发现他拿着卷子站在一同学旁边，我走上去："这是考试，不允许请教同学，不会就留着。"

　　过后我回顾刚才他的反应，从他焦急地给我解释到为了完成去请教同学，让我看到他是想完成这张卷子。那一天，我开始感觉到：他真的在改变。

　　孩子们到了二年级都变化了不少，明显能感觉到比起一年级进步了很多。通过课堂及课后观察，我会思考每个孩子相比他以前有什么变化，变化有多大。也注意到这个孩子，通过我几天时间的观察，发现他课堂上还是一如既往地积极回答问题，不过现在回答问题明显是经过思考的，而不仅仅是想要表现。课堂作业也很积极地完成，课后布置的也不会落下，这就是进步。虽然他现在并没有变成班上的佼佼者，但至少让我看到随着年龄的增长，他没有越来越让人头疼，而是在一点一点地进步。我相信这不仅是家长和老师努力的成效，更是他自己一步一步创造出来的成果。

　　从这个孩子一年以来的经历和变化，我深深地感受到，只要家长、老师、孩子共同努力，孩子都会逐渐改掉坏习惯，变得越来越优秀。很多家长对孩子的问题还不够重视，或者知道孩子习惯上有很多问题，但是不愿意为了孩子付出。与其一味地指责、处罚孩子，还不如静下心来找出问题所在，采取有效措施帮助孩子成长。对于老师，我觉得和从事其他职业的人相比，我们收获的比较多的应该是来自教育的成就感吧。如果看到一个孩子通过自己的努力，哪怕有微弱进步，我都会感到无比欣慰。

　　教育是我的工作，它要求我要做好我的本分。教育也是我的使命，它时时刻刻提醒我不仅要做好我的本分，还要不负众望尽最大努力培养祖国的未来。都说教师是太阳底下最光辉的职业，所以我的一举一动要对得起给我们的这个称号。

恰当的表扬

钱梦姣

教育是教师的"教"和学生的"学"相融合的双边学习活动。在任教的工作生涯中,我喜欢教授语文专业知识,同时更加享受班主任工作给我带来的无限幸福感。虽然班主任不是"官儿",但是权利比"官儿"还大,因为光在我的手下就有四十八员"大将",每个人都有可能成为明天的比尔·盖茨、明天的李嘉诚或者是明天的钱学森,所以任何一个小人儿都不可小觑,特别是作为班主任,都要尽量去关注到每一个人。

每个孩子身上都有闪光点,比如我们班的何雅茹同学,她的闪光点就是懂礼貌,她经常说的一句话就是"谢谢老师";张晨同学的钢笔字写得非常好;李林芝、李映雪、严颖等同学的作文写得声情并茂;高飞、谢希然等同学的体育非常好。世界上没有两片完全相同的树叶,也同样没有两个一模一样的人。每个人的优点不同,闪光点自然也不同。作为班主任,就是要去挖掘这些闪光点,去夸奖他们,表扬他们。

说到"表扬"和"夸奖",很多人都会说"好学生是夸奖出来的",这个观点我赞同,但不是百分之百的赞同,因为好的我们可以去学习,但是不适用的就要去改变和创新。我认为,在小学阶段塑造孩子们坚强的性格和善于交流、表达的品质比任何东西都要重要。所以,在平时的教学以及教育工作中,我就十分强调和在意孩子的品格教育。比如,我十分强调孩子们和父母亲之间的关系要和谐,孩子们虽然小,但是也要懂得去体谅自己的父母,用自己的实际行动去孝顺父母。有一次我布置了一项作业,就是让孩子们回家对父母说一句"我爱你",并写相应的作文。我的目的是让孩子们体会自己做完这个"作业"之后,父母的心情和自己的心情是什么样的。时下很多年轻人都是"啃老族"或者"月光族",不懂得如何去孝敬自己的父母。我不想现在的孩子也变成那样的人,所以我布置了这样的作业,也希望我的"小小作业"能够发挥一点点作用。孩子们年龄小,可能体会不太深,但有体会总比没体会好。第二天我收到两个反馈纸条,上面

写着积极的反馈信息。看过之后，我觉得很是欣慰，看来我的"作业"没有白布置。

在试过了强调和在意孩子的品格教育之后的一段时间，我收到了一封来自学生家长的信件。这位学生，学习很认真，成绩也不错，但是不善言谈。也许是我的教育方法起作用了，让这个学生家长感受到了孩子的变化，才给我写了这封信。信的其中一小部分是这样写的：

我真的打心眼儿里希望我的孩子不光要有知识，还要具备品德。我从来没直接告诉他必须要有一个好的成绩，只是说要先有健康的身体，其次是善良的人性，并且要做什么就必须做好，尽己所能。就算将来扫大街也要认真，因为没有一个单位或领导喜欢一个做事不认真、不敬业的员工，哪怕他再有才。我们期望自己的孩子将来能有丰厚的物质，但更希望他能有浓厚的人情味儿，就算他将来再有才、再有钱，无情无义也不会幸福。

老师，再次从心里说声谢谢！我感觉孩子将来的路途真的很长，我们做父母的文化水平低，但我们会尽己所能来配合老师。说真的，平时看到你们，也想跟你们聊一下，只是感觉如果每个家长都这样，那你们得拿出多少时间来，况且你们也都有自己的家庭、自己的孩子。我们做父母的永远不会忘记并感谢孩子能遇到你们这样的好老师。我更坚信，孩子长大以后也不会忘记并感谢，在他人生道路上指引过他的良师。

看过这封信以后，我开心地笑了，觉得我这个"官儿"当得特别值，虽然累，但是我心里高兴，特别有成就感。作为他们的班主任，我真心希望自己教的孩子们都能够成为对社会有用的人才。

在当班主任这些年里，我见过很多种类型的家长，也学习了很多圆润处理与家长关系的方法。但是，真正能让我们共牵信任之手的是我们的共同目的，且只有一个——让孩子健康快乐成长。让我们一起用心，静待花开！

责任感

刁媛媛

提到"责任感",也许我们会联想到身边关于成人对于家庭、对于孩子、对于工作,以及对于社会应有的责任和担当。也许很多人会质疑,小学生,尤其是低年级的小学生,他们会有责任感吗?接下来我们就来听听这个故事。

这个故事发生在12月中下旬,故事的主人公是我们班的一个小男孩,其实这个小男孩各个方面并不是我们班最优秀的,也不是优秀的那一类,只能说是我们班中等的一个。在班级中他默默地在班级生活和学习,不张扬、不调皮,一切都那么平淡,就是因为这个小男孩踏实、细致,所以我让他负责我们班每周领水果的任务,当然领水果并不由他一个人完成,而是由他负责,再叫上班上另外三名同学一起去领。对于这项任务,孩子们都很乐意完成,因为他们很愿意为班级服务,为同学服务。他们不论严寒还是酷暑,都准时准点按要求去领水果,因为这是12月中下旬,天气寒冷,再加之我所在的班级是低年级,孩子们很容易生病,所以就发生了下面的故事。

我们班这个孩子因为多种原因发了高烧,从上周五开始生病,周五请假一天,周六和周天都在家里吃药和休息,但是病情依然没有缓解,反而有加重趋势,持续高烧导致了肺炎。虽然孩子和家长都非常不愿意请假,但是这个周一不得不继续请假到医院去输液。就这样,孩子周一在医院里开始输液治病,到了下午5点多,输液完成了之后,孩子给我打电话还问作业以及班级需要他完成的各项任务。我也转达了学校中各科任务和作业,但是我也一再叮嘱,还是以身体为重,作业晚点完成也是可以的。但是孩子还是坚持按时按要求完成了各学科的作业。

第二天,也就是周二,孩子还继续在医院输液。刚开始输液的时候一切安好,孩子安安静静地躺在床上接受治疗,可是差不多到了学校第二节课的时候,孩子突然大声对他的奶奶说:"奶奶,今天还没有人领水果!"孩子的奶奶听了之后就像丈二和尚,摸不到头脑。因为奶奶不知道,我们班上每次领水果都是由这个孩子通知另外三个孩子一起到食堂领水果，于是孩子就对奶奶说了为班级领水果的重要性。奶奶一直在对孩子说，另外三个孩子能记住为班级领水果这件事情的，让他放心。但是孩子就是不放心，担心这天班级的水果没有人领，班上所有同学都没有水果吃，觉得是自己对不起全班同学。就这样，孩子一直和奶奶交流、闹情绪。最后，奶奶实在没有办法了，就让孩子自己想办法解决这件事情，好让他放心在医院治疗。孩子继续就如何解决这个问题和奶奶进行了交流，最后达成一致意见，让孩子给我打个电话，汇报此事。随后孩子用奶奶的手机给我打电话，让我转达和提醒班上另外三名领水果的孩子按时去为班级领水果。其实，早在这个孩子给我打电话之前，班上另外三个孩子就已经将水果按时领回来了，所以我也回复这个孩子说，班级水果已经安排妥当，请他放心，并再次叮嘱他要在医院好好配合医生治疗，多喝水，吃清淡点，好早点回班级继续学习、生活。

又过了三天，小男孩康复了，回归学校继续学习、生活。在周五的一个课间，我遇到了他，于是和他一起聊天。我突然想到了领水果这个事情，就问，当时你生病在医院治疗，怎么会想到领水果，还担心我们班同学忘了，一定要确定我们班的水果已经领了呢？孩子的回答是，我们要是忘了领水果，我们班同学那天就都没有水果吃，要是这样，我们可就对不起全班同学了。因为这个事是我负责的，所以我必须记在心上，不能忘记。就这样简短的几句话，朴实却有力。孩子虽然没有说到责任感，但是却无不透露着自己对班级的责任、对同学的责任。

Hello，Mrs.何

刘 燕

嗨！我的朋友们，你们的老师中，有哪些让你印象深刻的呢？他（或她）是风趣幽默，还是学识渊博？是严谨认真，还是刻板严肃？说到这儿，你应该猜到我要说的是什么了吧？对了，我要说的就是我们的魅力老师：Mrs.何。

当我刚来这个学校时，一切都是空白的，何老师就像水彩笔一样，点缀了我的空白。她对同学们的关心、爱护，一直伴我成长，短短的两年，竟有那么多的感动事件，使我们之间建立起深厚的感情。第一次见到她，是去年我教七年级的时候，那时我是七年级一班的副班主任。刚刚开学，见到她时，全班同学都"惊艳"了。"我的天哪，这位老师怎么这么漂亮！""她怎么会教我们呢？""这么年轻，她能教好我们吗？"嘿嘿，这就是七年级一班的美女班主任：Mrs.何啦！

别看我们何老师年轻，对付起顽皮的同学，那手段可是一流的。我们班有几个男同学特调皮，上课爱出风头，喜欢耍小聪明，常常被科任老师点名。何老师知道这几个同学喜欢扰乱课堂秩序以后，就想了个办法好好"整治"一下他们：让他们当每天的执行班长，负责班上的常规事物，比如倒垃圾、监督大家做眼保健操、整理图书角等。若是管理不好，就得连任，一天做不好做两天，两天做不好做三天，还得接受全班同学的监督。何老师制定的这个规定，既惩罚了这些调皮的同学，又警告了班上那些想要调皮的同学，可以说是一石二鸟。所以经过这次整顿，班上的纪律都好了许多，大家都不敢公然违反纪律了，班上形成了良好的学风、班风。

Mrs.何对同学们非常负责任。有一次月考，大家考得很差。虽然都想要学好，却不知道怎么做。为此，何老师专门拿出两节课帮同学们分析错在哪儿，该如何改正，下次考试该定什么样的目标？她的英语课本就不多，拿出两节课后，一周的英语课就所剩无几了。但为了同学们的成长，何老师给每一个同学都分析得很认真、很到位！何老师还牺牲自己的休息时间，不停地帮个别学困生补课。当同学们知道老师时刻都在关注着他们，为大家的进步而喜，也为大家的松懈和退步而急，同学们发誓不能让老师失望，便开始关掉电视，发奋学习。一分耕耘，一分收获，七年级一班在半期的时候又勇夺佳绩，考了年级第一。

有时，Mrs.何的课堂也会很好玩。有一回，何老师要给同学们订正答案，刚刚念了五个答案，就有一个家长来找她，原来这人是何老师请来的一个顽皮学生的家长。这位家长好像很急，原来她急着要去上班。Mrs.何不知所措，只能让同学们先读课文，她来和家长沟通。十分钟过去了，Mrs.何好不容易和那位家长沟通好了，刚进教室，气还没喘两口呢，年级组长就匆匆挤进来，问何老师，她为什么还不去开会，全年级的老师都来了，就差何老师了。何老师大吃一惊，而后便露出了疑惑不解的表情："怎么会呢？我可没收到通知！"年级组长还没说话呢，何老师又一副恍然大悟的样子，接着就急得团团转："这可怎么办？我还要给学生讲题呢！"这时，下课铃声响了，何老师的脸上露出了"如释重负"的笑容，匆匆布置了作业，就赶忙开会去了。大家都非常理解老师，下课后开开心心玩去了。

何老师不仅在学习上严格要求我们，在生活上同样关心我们。何老师常常说我们班是一个有51个成员的大家庭，每个孩子都是独一无二的，都应该得到最好的关爱和照顾。何老师为使同学们全身心地投入到学习中，利用休息时间走访了每个孩子的家庭，以便更好地了解我们的所思所想，及时给予我们关爱。何老师还非常细心，说她是我们的班妈妈一点都没有错。每当有同学病了，不用同学说，她总是能及时发现问题。有一次，上课时班上小李同学突然感到肚子不舒服，但又不敢和老师说。当何老师发现小李脸色不大好时，就关切地说："怎么了？不舒服吗？"小李胆小地点了点头，何老师心里像着了火似的，措手不及地打电话给小李妈妈，还不停地嘘寒问暖，悉心照顾小李。何老师的一举一动，仿佛一股暖流通过我们的心灵。从那时起，我就觉得何老师像慈母一样亲切，关心我们，让我终生难忘。

看完以上Mrs.何的一些小事，你是不是也敬佩起她来了。Yes，这就是我们最有魅力的老师——Mrs.何。

绳采飞扬

路晓超

金秋十月，硕果累累，成都高新区第十二届中小学生运动会在新华学校拉开帷幕，开始为期三天的高新区运动会的比赛。

"1，2，3，4，5……1，2，3，4，5……"大家正在为集体项目20人的"8"字跳长绳比赛做准备。每个学校的运动员和教练员都在紧张有序地进行着赛前的热身训练，进行着最后的冲刺训练。"路老师，我们在这里。"又是一个声音，找到了我们学校跳长绳的组织和团队。我们学校的小学甲组和初中组都要参加这个项目的比赛。"小学甲组在这边，初中组在那边。"我和小助手拿出卷尺和粉笔，在两个组3.5米的两端分别画了两条线，又画了进、出的位置和站位方向。"运动员准备—— 预备—— 开始！""1，2，3，4，5，进，1，2，3，4，5，进……""站位……位置……往前走……贴人出……"作为教练的我，看着这么认真的团队，这么有团队精神的队员，随着他们的节奏我也进入了状态。"快点快点—— 不要着急。"原来小学甲组这边有同学跳失败了，其他同学在给他鼓励和加油。最后初中组2分53秒完成了赛前的最后一次训练。

"请参加跳长绳比赛的运动员马上到篮球场进行检录……滨河学校2号场地……""老师，如果其他学校的声音太大，把我们的节奏打乱怎么办？"如果用出神入化来说，稍微有点过，但是对于这支曾在两年前就参加过比赛，有着大赛经历的学生来说，那都不是事儿。"你们按自己的节奏完成比赛就好了，老师相信你们可以的。"

"一—— 二—— 加油，加油，加油！"赛前最后一次鼓舞士气。"运动员准备—— 裁判员准备—— 预备—— 开始"，比赛开始，每位同学在赛场上的表现完全出乎我的意料，平时训练都很调皮和搞笑，但是在比赛场上，就连平时最爱搞怪的小高也在给每位队员打气，喊加油，注意力非常集中。想起在一个月前他们参加校运会的成绩是3分18秒，训练了一段时间后，成绩还是没有明显的提高，然后还有同学受伤，整个队伍进入了低谷期，

他们本是有实力的队员，但是现状令人担忧。和班主任老师进行沟通，和科任老师进行交流，因为他们课业负担重，要补作业，但是我们跳长绳的也是一个集体，一个团队，一个都不能少……最后以2分30秒完成了高新区第十二届运动会的跳长绳比赛，以14秒的差距（第一名2分16秒）获得第二名。在这里我想说："孩子们，你们真棒！"在学业和课业负担那么重的情况下，你们放弃了早读和午休等一切可以利用的时间，有好几次我都被你们感动，在比赛前一天放假休息，你们都不肯，说："我们的成绩太差了，我们还需要再练习。"你们的这种精神值得其他运动员和同学学习。你们再一次挑战了自己，完全是在和自己比赛，全程按照自己的节奏比赛，没有受到其他学校跳绳节奏的干扰。我们没有大声喊一二三四五，此时无声胜有声。我们比赛结束后的欢呼声也许给对手造成了干扰，他们连续失误。哎，孩子们兴奋啊，不是能控制的，也许这也是一种战术吧。

跳长绳等体育集体活动能提高学生的公德意识、团体意识、协作意识和交流意识。现在的学生大多是独生子女，特殊的社会及家庭环境下，学生极易形成一切以自我为中心的观念。但在体育活动中，学生可以在广阔的空间里尽情地游戏、活动、竞赛，以各种形式参与群体的团结协作，通过个人和集体之间的相互帮助和团结协作，依靠集体的力量取得好成绩。

体育和德育不分家，体育活动的过程和德育工作密切相关，不可分割。体育中有了德育，德育就可以使体育变得更加有活力，更加有秩序，更加规范，再也不是单一的野蛮其体魄了；在体育中有了德育的注入，体育课堂和体育训练就会变得更加有思想，让学生在德育的统领下进行体育活动、体育比赛和体育锻炼。当体育被赋予了德育的文化含义，体育的价值才能得到更好的体现。

工作五年来，我接触最多的是小学低段的小朋友。小朋友的新鲜事和奇怪的问题很多，也有很多好故事，我经常与我的学生、朋友们分享，但是很少有机会分享我和中学生的故事。前世的五百次回眸才换得今生的擦肩而过，也许在前世我只顾回头了，哈哈！这次能有与八年级的故事，要感谢很多很多给予帮助的同学们、同事和领导，谢谢你们！

以上率下，不忘初心

杜 玉

近日，由中央纪委宣传部和中央电视台联合制作的八集大型反腐电视专题片《永远在路上》在中央电视台综合频道和新闻频道连续播出。我之所以每晚守着电视等待观看，除了贪官落马的大快人心，更因贪官忏悔时的字字真言震慑魂神，为时人敲响了警钟。

私以为，大到管理国家、管理企业、管理学校，小到管理班级、管理家庭，大道通行。故，观后感触极深，在此谨借第二集《以上率下》中的三句引文，反思以往所行，指引将来所向。

《周书·毕命》中讲："惟公懋德，克勤小物，弼亮四世，正色率下。"是说地位越高责任越重，越要时刻正身修为，身先士卒才能带好下属。领导要率先垂范才能取信于民，教师更要率先垂范才能立威于学生。我任教的两个班学困生较多，教学中，我难免会有急躁和失去耐心的时候。时间久了会发现，不仅学生的状况得不到改善，老师也会逐渐失去信心，班干部、课代表和一些小助手们也会模仿老师的情绪、行为去处理事情。发现这样的情况，不可谓不惊心，于是开始注意敛气修身、戒骄戒躁，不再强硬逼问作业，而是先调查清楚学生个人或家庭的缘由。班上多年惯常不完成作业的两个学生，我在与其本人及家庭在思想上沟通无效后，不再一味惩罚。于他们而言，也许健康成长比学习成绩更重要，所以适当降低学科要求，没完成作业就第二天挤出时间主抓基础，再因材施教，发展体育特长。这样做的效果就是，成绩至少稳定在必须接受的范围内，而且小区里偶有碰面，学生不再形同陌路绕道而行，而是遥遥大声打招呼。那一刻，我的心中满是无可替代的幸福。促使教师努力付出的源源不断的精神动力，乃是学生的真心信服。

《申鉴·政体》中说："善禁者，先禁其身而后人。"意思是，善于治国理政的人，必然首先按制度要求自己，然后再去要求别人。教师要求学生尊重师长，首先自己就要以平等的态度给予学生人格上的尊重，不仅仅是蹲下来与学生对话。教师要求学生不迟到，首先自己就不能晚到，包括教学工作之外的任何事情，比如集会、开会、坐车外出教研等。现代社会的快节奏、高效率决定了没有人喜欢等待。当然，"路怒症"另当别论，学会耐心等待也是另一码事。教师要求学生爱护环境不乱丢垃圾，首先自己就要主动捡起地上的纸片，整理好教学物品。教师要求学生多读书，首先自己就要钻研学科，与学生一起分享所读所思。教师要求学生节约粮食，首先自己就要做到不浪费。我校"光盘行动"自上而下实施以来，效果显著，油光锃亮的盘底映照出的不只是胃口，更是坚定信念的决心……

《论语》曰："子帅以正，孰敢不正？"领导者带头行得正，其他人就不敢不正。为师者不徇私，班干部就莫敢不公。为师者以规则说话，学生就不会以人情处事。为师者衣冠正，虚怀若谷，学生亦规范着装，不骄不躁。为师者眼操课间操领而带之，学生安能立而不动？所谓近朱者赤，所谓身正为范，所谓不言之教，潜移默化。

共产党通过纪录片警醒自己不忘初心。那么，教育的初心是什么？作为一线教师的初心又是什么？除了发展个人能力，或许应该是，以自己的生命，熏染意识，形成习惯，锻炼思想，激发感情和情绪。所以教师需从自己做起，不忘初心，为实现"终身教育"的目标而努力奋斗。

静心守望，期待花开的声音

汪树林

我在教师这个岗位上已工作了两年多，在这个工作中体会到教师的辛苦与无私的奉献。我在教育工作中体会最深的一件事，是我们区举行的运动会中，我们的孩子奋力拼搏，取得了佳绩。一个月的训练中，孩子们成长了许多，我也体会了许多。比赛中有一个项目是400米中长跑，它不仅仅是耐力的坚持，更是速度要求很高的项目。我们队每一个项目只能报两人，每一个人只能报两个项目。一个叫睿佳的孩子在刚刚开始练田径的时候，200米还可以，但是他不是我们队里200米项目中最快的，只能排到第四的位置，所以在区运动会定项目的时候，根据他的实际情况给他报了400米的项目。当时测的成绩不是很理想，所以在后来的训练中他也比较刻苦，但是我对他真的没有抱多大的希望。在一个多月的训练中，我主要的精力放在了班里的优势项目上，对他是顺其自然的态度。记得区运动会那天，别的运动员孩子们都比较紧张，我感觉睿佳一点都不紧张似的。我就问他在想什么，他微笑着说，他感觉今天一定能得名次。其实我对他没有抱多大希望，因为在平时的训练中他的400米成绩不是很好。比赛开始了，我也对他做了思想工作，让他不要太紧张，尽力就行。比赛刚刚开始的时候，他跑在中后，位置不是很理想，但最后他超越到了第二的位置。最后的100米时，他发力超越了最前面的运动员，取得了高新区运动会第二名的好成绩。从他的训练中，我感觉信心会给我们带来惊喜，所以我们要对孩子抱有希望和信心，也许他们会给你不一样的惊喜。

我所带的学生像花儿般深深印在我的脑海中。其中印象最深的是小蕊同学，刚开学就屡次迟到。对我的提醒，她无所谓甚至反感。通过了解与观察发现，她对未来有着美好的憧憬。于是，我断定，这女孩在足够关注下，定能有惊人的进步。

一次体育训练中，看着小蕊那笨拙的跳绳身影，我走到她身后，悄悄提醒：小蕊，你单脚交替跳可能好些哦。没想到她猛然转身，瞟了我一眼，大声嚷道："你多管闲事。"我竭力保持冷静，仍静静地站在她后面，用期待的目光看着她。小蕊似乎察觉到什么，单脚交替跳起绳来。果然，她轻盈多了。我说："小蕊，老师建议不错吧？"她扑哧一笑，点燃了我俩彼此信任的火花。从那天起，小蕊体育训练认真起来，在与我沟通的过程中，慢慢接受了我的建议。功夫不负有心人，在第二次跳绳测试中，她的成绩由每分钟80次直线上升到每分钟120多次。我以此为契机，在班会课上特地表扬了她一番。在同学们热烈的掌声中，小蕊热泪盈眶地与我们分享了她那艰辛付出后的喜悦心情。课后，我找小蕊谈话，肯定她跳绳进步的同时，对她的学习提出新的期望。后来，科任老师反映小蕊课堂表现积极了很多。于是我把老师的赞美浓缩成一句话：小蕊，各科任老师都在表扬你呢！写在精美字条上，悄悄传给小蕊。从此，小蕊对科任老师也慢慢热情起来，成绩也在不断进步。中考前两个月，小蕊每天都要求我给她两分钟，帮她测试跳绳。看着她汗流浃背，我多次喊道：咱们到此为止，明天再继续。但她那一声坚决的"不要"流露出对自己的百倍信心和对理想的执着追求。她的努力与拼搏也激起像她这样成绩暂时落后的同学的努力。那一年的体育考试，同学们取得前所未有的成绩，任性而又娇气的小蕊紧紧抱住我大哭起来。她说起了自己这一年的心路历程，从起初对我的反感到后来的敬仰；从对自己不满到自信；从对未来迷茫到执着追求。我真的从心底为她感到骄傲，更坚信自己在班级管理中用陪伴式、期待式代替以往的督促式是正确的。

　　我相信，信心是一滴雨露，能悄悄湿润学生干涸的心田；期待是一缕阳光，能轻柔照射到学生的弱小心灵，激起他们对未来追求的热情。作为班主任，我用信心、期待听到了很多花开的声音，这种声音很美！

思变，而后前行

赵 语

世间这么多职业，我钟爱教师这个神圣的职业。教育给我带来的成就感和延续感是无可替代的。为了这份梦想，我五年前从外企离职，从此踏上人生的新征程。于我，一切都是新的，一切都是未知的。三年前来到滨河，我的教师梦想得以延续、开花，并逐渐壮大。

上学期任教二年级和五年级英语课。由于学校教学工作安排还没确定，所以我不确定自己是否会继续教六年级的英语课。可是这件事在上学期末就在我的心里埋下了种子，让我有一点点担心，有一点点惶恐。这学期教师会议宣布工作安排的时候，我意料之中地被划分到了六年级，教四班和五班的英语课。

滨河学校的情况是这样的，六年级五个班，其他老师均教过六年级，而且成绩斐然，对衔接教育也很有经验，而我，从未教过初中，并且还不是教育专业出身，就这样，顶着如此大的压力，我还是开始了我的小初英语衔接教学。

没经验，那就需要更多的付出和努力。首先，我在开学前第一周就去找了班主任和年级组长"化缘"，希望能在我教的两个班分配早读，并将午辅和托管给我。或许我有点"贪心"，不过最后还是每个班均有一节早读和托管，我已经觉得很满足了。课堂的时间有了，那就还要从孩子们的学习态度、英语学习的兴趣、学习方法和课外时间入手，促进学生的学习发展。

由于开学之前班级做了微调，无论对我还是对学生来说，彼此都是陌生的，而我想在最短的时间打破这种陌生。开学第一节英语课，我并没有讲知识，而是给他们讲学习态度、学习兴趣、学习方法的重要性。我告诉了他们三句话：态度决定一切；兴趣是最好的老师；世界上最有价值的知识是关于方法的知识。另外，我还以自己的经历告诉他们学习英语的必要性和重要性。第一，世界这么大，难道你不想出去看看？学好英语，出国游会变得毫无压力。第二，英语是一门工具性很强的学科，在所有条件均等的情况下，英语成绩突出的孩子肯定工作机会更多，发展前景更好。第三，学习英语不受年龄和时间的限制。为什么我给我自己的宝宝从小听英文歌？从小听英文原版绘本故事？这是因为英语学习没有严格的年龄界限。第四，我告诉他们我羡慕他们的现在，我以前初中才开始学习英语，那时连字母发音都不准，我一点没有语音、音标的概念，完全是听老师的发音来学习英语的。直到高中遇到一个很好的英语老师，他用了一个月时间来纠正我们的发音，我们这才学习了语音的基础知识。第五，我把我的微信号留给学生，欢迎学生遇到各种问题可以在微信上问我。总体来看，和孩子们的第一次见面算比较成功。

和家长们的第一次见面是在六年级的家长会上，当时我分别给两个班的班主任提前说了，我想去班上说几句，说一些要求和自己的想法，希望家长们开始重视英语学科，也让他们放心地把孩子交到我的手里。

开学第二周，我们开始学习字母。从那一天开始，我每天下班在地铁上是戴着耳塞，走路戴着耳塞，回家也戴着耳塞。当然，我并不是在听歌，而是在"改作业"。我下定决心一定要把这两个班带好，所以从字母学习，我就一定要抓紧。每天我都会布置语音作业，然后一个个听学生的发音，一个个改学生的错音，直到我听到的发音是正确无误的为止。刚开始第一天，我给两个班学生都布置了语音作业，后来才发现这样的工作量太大了，每天至少要花四个小时来完成批改，第二次我就两个班交叉布置语音作业，一天 50 多个人，50 多份作业，这样我能保证我每晚十二点左右睡觉。那段时间，我每天听太多的话，都神情恍惚了。

语音作业之后就是听写作业，刚开始学比较简单的字母时，都是让家长帮忙听写并批改，可渐渐地我发现有些家长的发音不准确，这极有可能让我之前的付出功亏一篑，于是我果断决定在每个班建一个专门的英语学习群（三年级也是这样的），每天的听写作业由我来发语音，家长只需要打开语音播放给孩子听就行，然后我再发正确答案在群里，家长再批改，孩子再改错。这个模式很不错，家长和孩子都觉得很好，可是前期的准备工作，如加群的工作量也很巨大。因为我承担六个班的教学任务，三年级和六年级我都采用这种模式，有些孩子的父母都加进群聊，算一算，我大概加了 500 多名家长，加完之后还得备注改名，当时我差点就崩溃了。说实话，刚开始的确很辛苦，可现在看来一切都是值得的。

字母学习完成之后，我们开始了漫长枯燥的音素和音标学习，此时我们的群显得尤其重要。对很多家长来说，音素和音标就是硬伤，完全不认识。课堂时间太有限了，我还必须向课外要时间。我给家长们推荐了一个很好的英语学习 App，可以让孩子回家自己练习 48 个音素的发音。这对孩子们的个人学习自觉性要求还是比较高的。除了个人学习，我还提倡发挥团队力量，我希望我们班的孩子都参与到英语学习中，并都能收获成功的喜悦和分享的快乐。为此，我把现在每天的听写作业安排给了孩子，由孩子们轮流来完成。刚开始是由发音很准确并且很负责的孩子牵头，每天的听写作业由我来布置范围，然后当天念听写的同学须在放学前到我那里将听写的内容读给我听，确保无误后才发到群里，并且在念完之后的半小时之内将正确答案发到群里，以供家长们批改孩子们的作业。这个方法目前看来还是比较奏效的，因为不仅让孩子们参与到学习中，也让家长们参与陪伴孩子学习。

音素和音标除了要会听写，还必须学会读。每天回家的作业还有一项是需要孩子们在家长们那读题单，可大部分家长反映完全听不懂，根本没办法判断对错。于是，我依葫芦画瓢，仿照听写音素的方式，每天找不同的孩子在群里读当天需要过关的题单，让每个孩子得到锻炼，也让他们每个人都有危机感，因为他们不知道哪一天会轮到自己，所以必须认真对待。

另外，还有一部分需要强化和正音的孩子是需要到我这里来过关的，课间和放学后都可以来，这样我可以更清楚他们掌握的情况，以便调整教学内容和方式。

英语是一门很有人文性的学科，有很多发散点。无论作为一名老师，还是一个妈妈，我可以分享给他们的很多、很多。我可以用《小王子》中小王子对玫瑰花的钟情告诉他们，学习英语的最终结果在于你每天付出的时间和精力。我可以用乔布斯的名言"Stay hungry, stay foolish"告诉他们做人要懂得谦卑，懂得学无止境。我可以用《得过且过的人是因为见识太少》来鼓励他们努力学习，成为自己心中想要成为的自己。我可以用"将来你一定会感谢现在拼命的自己"来与他们共勉，一起努力打拼。我可以用我带自己孩子出国游的亲身经历告诉他们陪伴的重要性、英语的重要性。我可以通过告诉他们今年的诺贝尔文学奖获得者鲍勃·迪伦，我深爱的一名乡村音乐慢摇滚音乐人，来让他们知道是金子总会发光，不用太在意别人的看法，做好自己，一切你所期盼的总会到来。所以，我自己对于英语这门学科的重视以及付出度也直接影响了孩子们对英语的喜爱与否。从备课到上课，再到课后辅导，甚至是课堂发散，我希望他们从我这里学到的不仅仅是书本上的知识，还能收获更多的快乐，明白更多的道理，成为更好的自己。

　　事实证明，一个多月的努力和付出没有白费，我得到了家长们和孩子们的认可，当然我也在不断思变，寻找一条最适合他们学习英语的道路。我已经"沉浸"在快乐学习英语的氛围中了，你们呢？

我与学生共成长

王宇帆

很荣幸，因为我从事的是太阳底下最光辉的事业。其实在我眼里，每个孩子都是鲜活、灵动的个体，有着各自独特的性格。作为一名班主任，应该更加去关心、了解班里的每个孩子，只有理解了这一点，才能去尊重和热爱自己的学生，只有这样，学生才会"亲其师，信其道"，学生才能成长为自己所期望的人。

有一次，下午刚准备上课，就被一群学生堵在办公室门口。"老师，班上同学打架了。""是谁？""是小明和小鹏，同学拉都拉不住。"经过了解，学生下课玩耍，两人因为把玩笑当真了，发生摩擦。其实事情不大，但是其他同学拉架时没注意动作，让事情复杂化了。我同时批评并指出两位同学的错误点，两位同学也认识到错误并做出改正，最终握手言和。

有人说：孩子的心灵就是一张白纸，父母和老师在白纸上画什么，孩子的将来就是什么。对于孩子和同学、朋友之间发生的事情，老师应该给予及时恰当的引导，让孩子学会独立处理好自己的事情。

对于可爱的孩子们，我想说：你们一只只等待飞出巢穴的小鹰，搏击蓝天，需要有健康的体魄、坚强的臂膀和洞察秋毫的火眼金睛，而这些都来源于你们对生活的历练。要从生活的点点滴滴中学会分析观察，知道如何待人接物。只有不断地锻炼、磨砺自己，才能翱翔蓝天，经历生活中的风风雨雨。

在我第一次当代班主任时，让我记忆深刻的是学生琅琅的读书声。面对稚嫩的面孔，我不由得回忆许多。我在课下与学生交流，他们在某些方面有一些不适应。为了和他们熟悉起来，我找到了一些在平时的学习中出现问题的同学，了解他们的学习和生活习惯。课间虽然只有10分钟，但就是在这短暂的时间里，却可以发现许多平时难以捕捉到的现象和信息。

作为班主任，在课间10分钟里和学生一起玩耍游戏会对自己的教育、教学，处理班级状况、学生间的人际关系、学生中出现的问题、班级管理

中的是是非非，有更直接的帮助，充分利用课间这段时间和孩子们在一起，既能密切师生关系，又能增进与孩子们的感情，还能做好班主任工作，极为难得。

课间是孩子们玩耍、嬉戏、交流的时间，在此期间反馈的东西很多。大家三五成群你言我语，讨论身边发生的事情，这时他们的举止言行会显露出来，比如，在课间，某些学生会评价议论某一位老师，谈论当天某一节课的成败优劣，对老师讲的内容理解得如何，评议班级的某人某事、校内的大事小情、家里发生的某些事情、学生中或高兴或烦恼的事。也因为课间时间短暂，学生们的交流往往更直截了当，这在无意之中为我这个班主任解决了不少难题。

有一名女生，平时爱说爱笑、活泼开朗。但是今天，我发现她上课时注意力不够集中，课间很少出去玩，即便是走出教室，也是在窗前一个人发呆，或低头沉思。我询问她时，她说"没什么"。就在她和同学交流后，我从其他学生口中得知她今天和要好的朋友在上学路上吵架了，她有点想不通。了解了情况后，我便把她叫到一边，和她进行了沟通，并细心为她解答了她的困惑，很快她又恢复了往日的活泼。通过这件事，我发现班里出现了的许多事情，在课堂上表现极不突出，但在课间表现得尤为鲜明，所以充分利用和抓住课间10分钟，深入到孩子们中间去，察言观色，观其行而查其行，会发现他们的许多问题，发现问题及时处理，对教学、对孩子来说，都是大有裨益的。

我始终坚信一句话，"只要功夫深，铁杵磨成针。"一分耕耘，一分收获。耕耘得好，收获自然会好。在以后的工作中，我会继续努力，不断向新的目标迈进，和孩子们一起成长一起进步。

春花遍地，甘做园丁勤浇灌，雪岭摩手，领马志士苦登攀！朋友们，让我们为了学生的一切，努力拼搏吧！让我们为了学生的一切，辛勤工作吧！让我们一切为了学生，无悔奉献自己的青春吧！

造就全人的艺术教育

林曦翼

实行素质教育，培养学生完整人格，既教书又育人，这是每一位教师都应遵循的。在重视人的全面发展，重视学生完整人格培养、个性充分发展的现代教育观下，班主任的工作还只局限在"管理"二字上，显然已不能适应新时期的要求了。相反，教师要从经营的角度来从事班级建设。因为经营不仅仅是管理，而是在管理的基础上，使学生的创造才能和创造潜力都能结出丰硕的果实。班主任不仅要关注学生的一般发展需要，而且还要关注每一个学生的发展特点，能根据每一个学生的发展需要给予有效的筹划，这是班主任在经营活动中应起到的独特作用。

在一年多的教学生活中，我和学生们经历了从不够了解到逐渐熟络的过程。现在，走廊上我们班的学生碰到我，总是会跑过来问："林老师，我们什么时候上美术课啊？"还没走到教室，就被这群可爱的孩子们截下追着问："林老师，我们今天画什么呀？"虽然这是很普通的一句问话，却让我感慨万千，感觉到他们非常期待上我的课，这是让我最开心的事情，从而更加坚定了要教好他们的决心。记得就在才开学不久，有一个短发齐刘海的可爱女生，每一次下课都会到讲台上问我很多关于绘画的问题，可从来没有见过她的画。有一次她手里拿着个非常小的本本，很羞涩地打开让我看，有些胆怯地说："林老师，我很喜欢画画，可是同学们都说我画得很丑，所以我不敢给你看我画的画。"旁边有看热闹的同学争相说："林老师，她画的真的很丑，好难看啊！"听到这些，女生委屈的泪水在眼眶里打转。这时我让她把她画的画给我看看，指出她存在的问题，并告诉她应该要怎样构图，如何大胆地在画纸上表现自己的想法，同时还对其他同学说："你们看她画的画非常有想象力，只是不知道怎样表达而已。她这么勤学好问，多练一练一定可以打A的！"同学们都不说话，而是去看女生的小画。得到了我的鼓励，女生也不哭了，反而充满了信心，向我保证说："老师，我一定可以把画画好，长大了我想当一名设计师，设计漂亮的房子！"然后和同

学们嬉戏打闹走了。以后每次上课,她都非常认真,积极思考回答问题,作业也都认真完成。在我的指导下,她进步很快,在这学期的期末测验中,她考了 98 分的好成绩,令全班同学为之欢呼鼓掌。看到她脸上阳光自豪的笑容,我倍感欣慰。这是发生在班级中很平常的事,这种平常的事不胜枚举,但就是这些很平常的事给了我感慨,给了我感动,给了我感激。

因此,我觉得绘画不止是一项技能,绘画手法中更蕴藏着创造生命的真正力量,比如绘画可以塑身心,在促进儿童器官发育的同时,还能熏陶他们的心灵和性情。绘画的表现形式多种多样,主题包罗万象,可以引领孩子亲近自然,获得体验美的感知能力,了解人类的历史和智慧,从而与所处的世界建立切身的联系,这种紧贴生命的教育并非知识所能取代。人如果能有所擅长,便会获得自信和自我意识,能够开辟通往个人创造性表达的道路。也就是说,它能让人做到独一无二,把来自自我个性源泉的创造性带到世上。绘画带来的愉悦和滋养有助于孩子在童年时就备足底气,将生命的根扎稳,从而成长为一个神气十足的"完整的人",开创丰富多彩的人生。

毫无疑问,班主任有许多工作要做,通过完成这些工作,对孩子产生影响或者说对孩子的发展起到引导作用,在此过程中获得一种感受:为学生进行自我教育和自我磨砺是值得的。班主任正是由于不断地探索,而且总是以一名学习者的身份与学生们比肩而坐,才在教育上发挥了作用。班主任内心关心着学生,也需同时关注他们独有的天性,这样才能有预见性地促进每一个学生个性的发展,并将尊重、敬畏和感恩等不寻常的感情集于己身,通过情感教育,渗透到所有的教学活动中,与所有的艺术化方法和认知手段共同发挥作用,而孩子今后也可以从这些充满生命力的情感洪流中汲取成长的力量。

"倾听"孩子的画

刘 霞

第一次带班，感觉是比较奇妙的。我是一名美术老师，同时也是一年级三班的副班主任。一群孩子，有时候觉得他们特别可爱，有时候觉得他们就是调皮小鬼，真是让人又爱又恨。但是作为老师，我为有这么一群有想法有原创精神的学生而骄傲。美术真的非常重要，今天我就想和大家一起分享一下怎么来"倾听"孩子的画。

我们班有一个学生，非常有想法。有一节课上，我要求孩子用丙烯颜料来绘画一幅作品。开始，我看到他的画面非常好，画得比较大，有月亮和星星手拉手，颜色的使用很丰富很漂亮。看得出来，他想表现的是一个故事。我看到他画得很认真，就先去看另外同学的作品。等到我回过头来再看他的作品时，画面已经全部涂黑了。我觉得非常奇怪，而学生也抬起头看着我说："老师，我画完了。"看了他的画，我微笑着望着他，说："你能告诉老师，你画的是什么故事吗？老师特别想知道。"他非常开心地向我介绍他的画："老师，我画的是月亮妈妈带着一群星星宝宝吃完饭后出来散步，他们非常开心，手拉着手，一起玩耍。但是天色越来越晚了，月亮妈妈叫星星宝宝睡觉。开始星星宝宝不愿意睡觉，但是月亮妈妈愿意给他们讲故事，所以他们就闭上眼睛睡觉了。"我听了这个故事，觉得非常棒，我就说："真的很棒，那为什么最后用黑色呢？""老师，你闭一下眼睛，是不是什么都看不见了，一片漆黑啊？"我一下子就举起我的大拇指说："还真是这样，你画得特别好，老师要表扬你。"孩子的世界就是这样，充满了想象力，如果你不会"倾听"孩子的画，你就听不到这么精彩的故事，你只看到最后画面的一片漆黑。这位孩子的家长来的时候，我特意将孩子的画说给他听，家长也感到非常欣慰，觉得非常好。

我们不能用我们眼中的世界来限制孩子眼中的世界，孩子刚刚开始画画的时候，杂乱无章的作品会令家长担忧，有些家长甚至会迫不及待地想教孩子画一些具象的花、草、树。这种心态并不好。尤其是一年级的孩子，他们站在原创的高点，充满了想象力，以纯净的眼睛摆脱视觉惯性的束缚，直达事物的本质、核心。在孩子的眼中，也许天就是绿的，大海就是红的，孩子们在用他们的眼光来看世界，他们有无限的可能。我们不能否认孩子们是错误的，恰恰相反，这是孩子们创作的高峰期。这要求我们学会去倾听。

绘画重要吗？学习美术重要吗？太重要了。美术是很重要的科目，对各科都有帮助。画画可以开拓学生的想象力，能让学生养成平时善于观察事物的习惯，这不仅可以体现在他的画面上，也同样可以应用到语文作文中。很多学生不善于写作，就是因为缺乏想象力，缺乏对生活的观察。学习绘画，必不可少的就是要去研究一些优秀的作品来提高自己的绘画技巧。通过研究一幅作品，不仅可以了解作者的绘画技法，还能了解当时的社会背景。就好像我们看达·芬奇的作品时，除开绘画技巧，我们还要知道创作的时间，了解文艺复兴时期的作品，这就顺带着学习了历史知识。美术不仅可以绘画出人和各种自然物，更是有数学里的数字、对称和逻辑思维方式。如果你使用图片的形式来教数字，学生一定更乐意来数数，在绘画的步骤中培养逻辑思维。美术与生活更是密不可分，小到你可以选择衣服的穿搭配色，大到引领一种新的时尚。美术真的很重要。美术在各方各面都对你有帮助。

希望我最亲爱的学生们可以在美术中自由地翱翔，绘画出精彩的人生。希望家长们不要用局限的眼光看学生的作品，你和你孩子温馨的故事就发生在你倾听他的画的过程中。也许在你"倾听"孩子的作品时，你就会知道孩子的想法，由孩子绘画的色彩去了解他现在是什么心情。孩子自由的绘画过程，是在诉说着他内心的想法。我们只需多问问孩子为什么这样画，以及给予百分百的鼓励。

学会"倾听"孩子的画，为了我们的孩子！

数学课上的那些乐事

钟祖良

孔子说过:"知之者不如好之者,好之者不如乐之者。"数学研究的对象并非物质世界中真实的存在,而是抽象思维的产物,所以,它历来以科学的逻辑、严密的推理而著称,有人说数学是"思维"的体操。这是由数学的本质所决定的,无可厚非,即使小学数学也不例外。但这对于小学生来说,他们这个年龄段心理特征以形象思维为主,逐渐向抽象思维过渡。如果教师仅仅关注学生数学知识本身的学习,有时课堂就显得太"冷"而不"热",过于理性而缺乏感性,且与学生的生活相脱节,就不容易激发他们的兴趣,这也是导致学生学不好数学的原因之一。那么能不能在我们的数学教学中看到:在理性的训练中发出一些"笑声",在紧张的学习中找点"乐子",既让学生学习成功,也能让他们体验到学习的快乐,在"情"与"理"中寻求一种平衡,来达到双赢的目的呢?为此,我在教学中做了一些尝试。

乐事一:将富有时代气息的语言等引入数学教学之中

数学教学应该是充满活力而开放的,现代社会是信息高速发展的时代,很多时候学生知道的事情可能我们教师却还蒙在鼓里。所以,我们教师应该在平时做生活的有心人,注意捕捉具有时代气息的语言等,这些语言既为学生所关注,同时又能为数学所用,就可采用"拿来主义"的办法服务于数学教学,从而让数学教学充满生机与活力。如几年前在教学小数的大小比较时,根据教材,我用上了"PK"(从"超女"有感而发,课前也听到很多学生在议论此事)。学生一听,可来了精神,问我:"钟老师,你也知道'PK'呀!"我顿时感觉与学生拉近了心灵的距离,"是呀,这节课我们也来个学习上的'PK',看谁表现最棒,好吗?""好!"全班学生齐声说道……这节课学生学得很快乐,课堂活而不乱,效果也好。下课时,我还说:"通过这节课的学习,某某同学等成功'晋级'啰,其他同学可要加油呀!"

我还在定期评价学生时用上周冠军、月冠军、学期大满贯等词。通过

在教学中有机引入这些富有时代气息的语言，让学生学得主动快乐。

乐事二：将数学知识的学习与教学常规训练相结合

黑格尔曾说："教师是儿童心目中最神圣的偶像。"学生常常渴望从老师那里获得评价信息，并且以此为"蓝本"给自己"画像"。我们知道，良好的学习习惯和有序的课堂纪律是学习的根本保证。而我们在平时的课堂教学中却常看到这样的现象：老是有一些同学特别是在课堂教学的后半段，精力不集中，不但自己不注意听讲，还去影响他人，导致课堂纪律差，老师有时也没有好的办法来调控。我在组织学生学习了平行四边形容易变形和三角形具有稳定性的知识后，有所触动，问道："当同学们在独立思考问题，不能影响到他人的时候，应该和我们今天学习的哪种图形一样呢？"同学们一下就明白了我的意思，我就马上说："现在我们就来比赛，看谁在座位上像三角形一样具有稳定性。"全班同学会意地一笑，立即坐端正，精神百倍地投入到后面的学习中去了。在以后的教学中，当我发现有些同学坐不住而开小差时，就诙谐地说一句："看看，有人在座位上快要成平行四边形啰！"一阵笑声过后，学生马上就坐好了。

通过这样结合，既使学生复习了知识，又轻松地调控了纪律，更让学生明白了道理。寓道理于知识之中，促进了学生对知识的掌握。知、情、意、行有机渗透，相辅相成。

乐事三：将数学知识的探究与发现进行情境化处理

有效地创设情境能激发学生探究知识的愿望，构建强烈认知的冲突。如在教学三角形三条边的规律时，我说："我们把三角形的三条边分别看成三兄弟，今天，我们就来研究三兄弟如何组成一个三角形，帮助三兄弟找找他们的长度之间藏着什么奥秘，好吗？"大家一听说要帮助三兄弟探密，又来了精神，马上热情高涨，全身心投入到学习之中去了。在学生通过大量的动手操作与探索后，全班学生的汇报交流如下：

学生 A 说："我认为不是任意长度的三条线段都能组成三角形，他们三兄弟的长度是互相'管'着对方。"（好一个"管"字。）

学生 B 说："我们发现能组成三角形的三条边，是任意两条边的和都大于第三边，即任意两兄弟的长度加起来都要比另一个兄弟大才行。"

学生 C 说："我们还发现判断三兄弟能否组成一个三角形的简便方法是：把三兄弟中两条较短的边即老二和老三加起来，看他们是否比最长的边即老大还长。"

……………

听到学生们形象的比喻、充满自信的阐述,我会心地笑了。

我们管感知过的事物不在面前,而在头脑中再现的形象,叫作记忆的表象。记忆的表象是学生思维从表象过渡到抽象的重要环节。当学生通过大量的操作探索和交流后,又再通过"自圆其说的语言"清晰地表述出来时,说明学生的认知已前进了一步。而中间起到纽带作用的就是教师要把握学情,根据教学内容做情景化处理,激发学生学习的热情,为学生搭好从形象思维过渡到抽象思维这座"桥梁"。